白野夏雲『十島圖譜　悪石島』

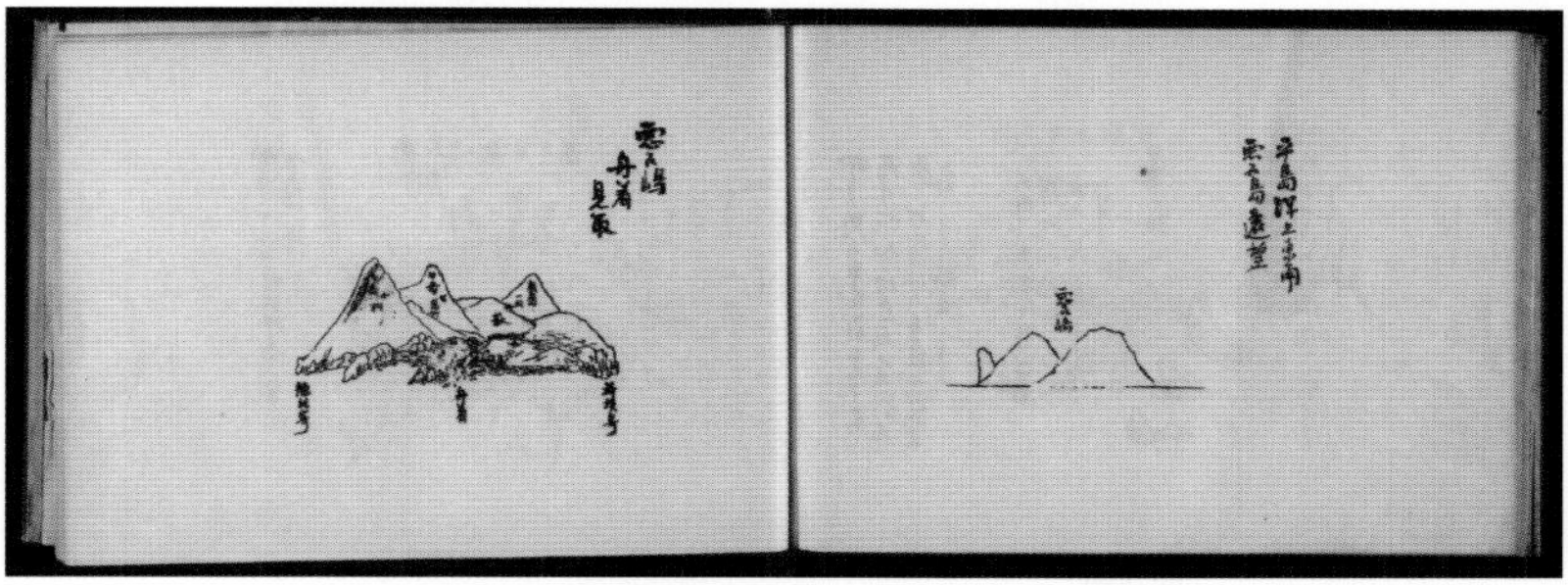

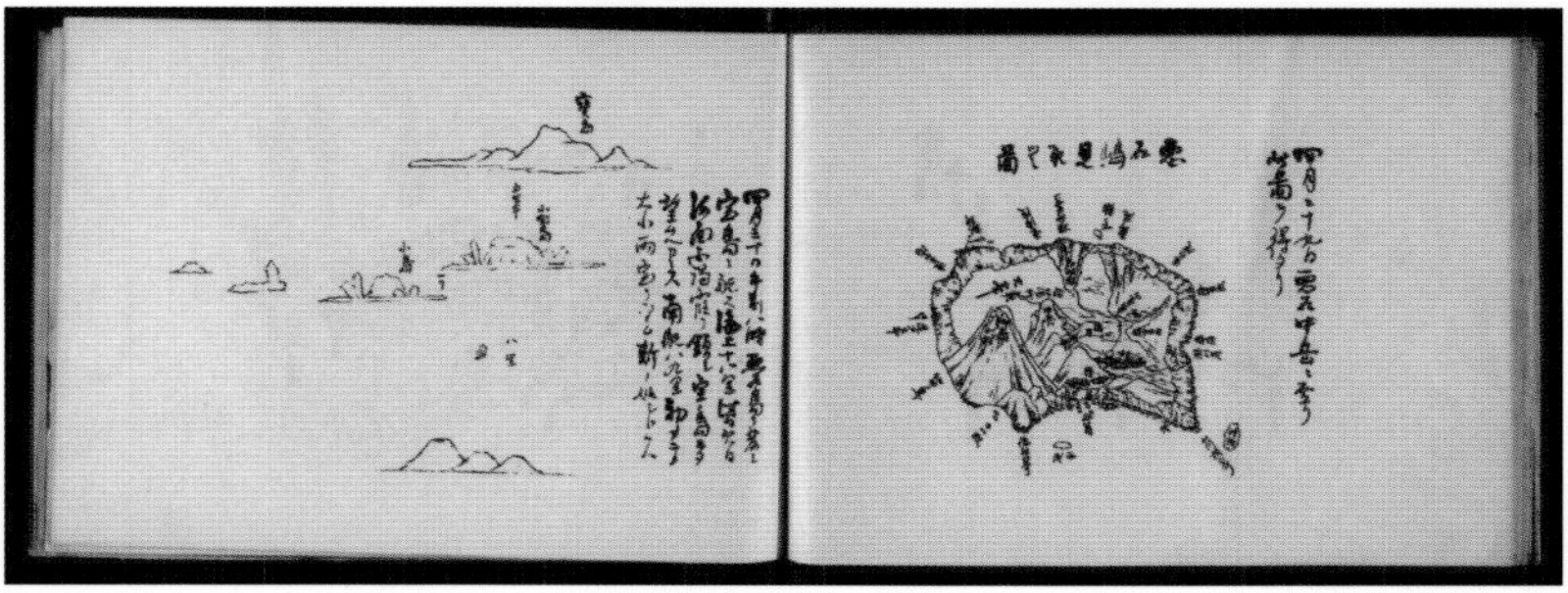

海岸

安浦港の全景。御岳《みたけ》は一番高い山。湾奥が宮尻浜でかつての本港《ほんみなと》。次が中港《なかみなと》、手前が東港（現在の本港）

フェリー入港。御岳の稜線麓に硫黄噴出口。キャンプ場、温泉があり、一帯は湯泊り公園

三月節句に船浮かばせをする海水の池（につみ浜）

飛魚干し他

大潮の東の浜。白綱曳きは岬（ノンゼ）の向こう側の瀬で行う。正面に諏訪之瀬島を望める

1．安良港の浜辺で、陽（ひ）の光を浴びてトビウオを干す（悪、1985）

飛魚干し、下野敏見撮影『トカラ列島（南日本の民俗文化写真集3）』より（1965）

オオツタノハ貝（2016.5）

サワラの燻製（2016.5）

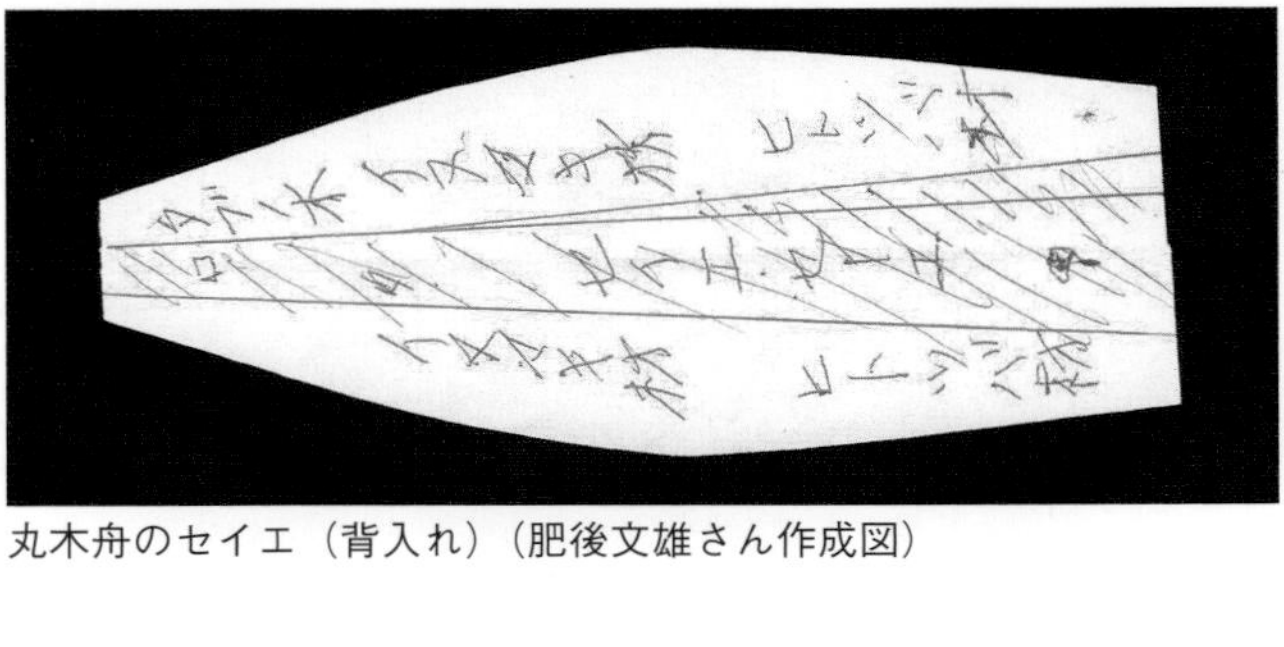

丸木舟のセイエ（背入れ）（肥後文雄さん作成図）

精霊膳１

先祖正月（親霊《おやだま》祭り・七島正月）の膳（2014.1）

M家のサトイモの雑煮

T家のサトイモの雑煮

M家の親霊祭りお立ちの日の膳。飯を二つ載せる。一つはかろうて持って行くのだという。他にそうめん、煮しめ、白和え。奥の膳は無縁霊の膳

Y家では飯の一つはお握りで、そうめんも二つ載せる。他に煮しめ、白和え。右端の膳は無縁霊の膳

精霊膳２

盆の送りの膳（2008.8）

Ｔ家の送りの日の膳。写真、位牌の前に粽《ちまき》を二括り供える。飯に箸を十字に立てる。他にそうめん、煮しめ、ズイキの炒め物。右端は無縁霊の膳

Ｍ家の盆の送りの日の膳。Ｔ家に同じ

盆。水祭りの墓参りに向かう人々

餅、他1

4月祭り。きん山の宮の花米《はなめ》と小餅。古くは米の上に餅をのせていた。餅は7個。家の神前は5個のせる(2014)

盆の粽

カッシャ（月桃）餅

チキイ（香煎団子）

ナベヤキ（プレーンとヨモギ）、短冊状に切る

元旦の花かつおと塩。家長から一つまみずつ手に載せてもらう

かつての雑煮は、餅と豆腐の吸い物椀。餅は十字に置き、具材をのせる

餅、他２

オッポンタオの筍折りに集合（2015.5）

筍

茹でる

塩漬け

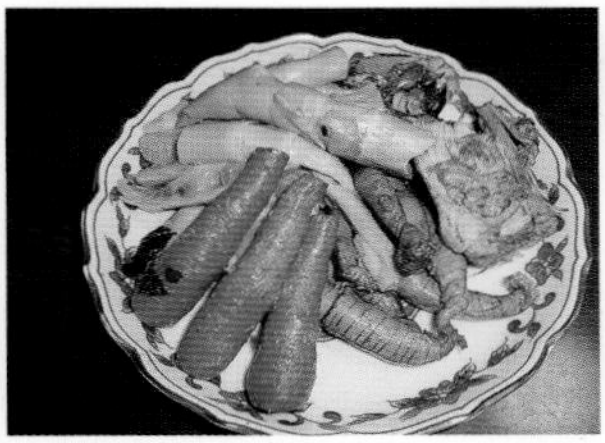

煮しめ（沖サワラのアラ、飛魚卵、人参、筍）

島キュウリ

救療箱（46.4×62.2×25.7㎝）

B圓・表（6.5×7.6㎝）

裏

修験道文化痕跡資料

Ｔさん所有の数珠（いらたかねんじゅ）

Ｋさん所有の数珠

Ｔさん所有のガラガラ（錫杖頭型鈴）

神楽神具。Ｓさん所有の数珠とガラガラ（錫杖頭型鈴）

寺・墓地への入口二カ所にある魔除けの九字門石敢当。左は上の道路、右は下の道路

九字門、下野敏見撮影『南西諸島の民俗Ⅱ』より

悪石島民俗誌 2

—くらしの情景・民俗医療—

渡山恵子

南方新社

推薦文

本書すなわち『悪石島民俗誌2―くらしの情景・民俗医療―』は、先に南方新社で公刊された『悪石島民俗誌―村落祭祀の世界観―』の続編として書かれています。先の書「村落祭祀の世界観」では村落祭祀を行う人に関心を向け、人間が何を考え民俗行事を行ってきたのか、そこに暮らす人々が紡いできた祭り事の世界観および村落祭祀の役割等について考察しています。本書「くらしの情景・民俗医療」ではその背景にあるくらしに目を向け、村落祭祀とともにあったくらしの情景に焦点を当てています。

渡山恵子さんは、悪石島民俗誌の執筆目的は、悪石島の民俗やくらしを記録することではなく、悪石島を事例に人のくらしと祭祀の関係性を、人間のくらしの全体像として捉えてみたかったのだと記しています。地域で行われる村落祭祀は、日常のくらしの延長線上でくらしと共に存在し、育まれ、伝承されてきました。自然を愛で、自然を畏敬し、自然と共にあるくらしの中で、民俗行事・祭祀は人間社会を豊かにしてきました。悪石島民俗誌に描かれているくらしの世界観は、かつての日本に普通に存在したくらしの情景であります。また、それは渡山さんが依拠する「民俗学」という研究枠組みと方法論が、長年探求してきた課題でもあります。悪石島で暮らすことは、他の地域で暮らすことと、どのような点で著しい違いをもち、どのような点で、類似して、そこに暮らしたことがなくても、既視感をもって共感できるのでしょうか？

今回の民俗医療についての議論では、悪石島のみならず、鹿児島県内で収録した情報を入れて論じています。民俗医療および民族医療は、近代医療の概念的枠組みから理論的に引き出されたものではありません。現地の「土着」文化の発展のなかで生み出された「疾病に関する信条と行為」であり、それらは近代医療以外の治病と健康維持法のすべてを包摂する「くらし」全般についての記述だと言えます。また、近代医療が一般化されるまで人々が頼りにしてきた治療対処でもあります。

本書『悪石島民俗誌2―くらしの情景・民俗医療―』では、鹿児島県内で行われていた民俗医療の全体像を明らかにしようとする、著者の試みがなされています。人々が傷病を治療し、健康を維持・増進するために選択してきた伝統的治療対処行動は、灸、薬草、温泉、巫女やシャーマン的祈祷師の祓い、呪術師によるまじないなどが紹介されています。治療選択に影響するのは病気観です。

これらの伝統的治療対処行動が、近代医療が一般化された後も支持されていることは、現在でも多くの人が共感することでしょう。人々が病気になったときに求める治療対処は近代医療だけではありません。自分の信条や判断に基づき使い分けています。人が病気を治し健康を求める行動は、現代医療と民間医療を補完関係にある医療システムとして認識しているのです。本書の民俗医療の現象は、多元的医療体系が一つの文化システムであることを示す雄弁な例証のひとつであり、民俗医療について考える人にとって、さまざまな関心をもたらすものになるでしょう。

二〇二二年十一月十六日　豊中市

大阪大学名誉教授　池田光穂

序文

本書は、『悪石島民俗誌―村落祭祀の世界観―』の続編である。その背景にあるくらしの情景に焦点を当て、人々がどのように暮らし生きてきたのか、小さなへき地離島で繰り広げられてきた、くらしの有り様を浮かび上がらせようと試みた。

前書「村落祭祀の世界観」、本書「くらしの情景・民俗医療」を纏める中で感じたことは、人の移動と交流と文化伝播のダイナミックさである。現代の私達が想像する以上に、人は活動的で好奇心と冒険心と生活心に溢れていたことである。

七島の島々は、名前を知られることもないような小さな島である。しかし、種子島・屋久島と奄美大島の間に帯状に連なる島々は、古代から北と南の海域を往復する海上交通の道標となり、その存在は既に外国に認識されていた。行き交う船影、漂着物、かつ隣の島々が視野に入るという地理的特徴は、七島に住む人々にも様々な影響を及ぼした。

生産性の少ない小離島に暮らす七島の人々は、共に協力し、外界へ向かって活動した。それが薩摩と琉球間を、あるいは唐にまで足を延ばし交易活動を行っていたという七島衆の姿なのだろうと想像する。七島衆は海を知り、風を読み、優れた航海術・操舵術を持ち、荒海を恐れず向かう強靱さや勇敢さを持つ人々であった。その活動源となったのが好奇心や冒険心、生活資源を求める生活心であったと考える。

しかし薩摩藩支配下に組み込まれた七島は活動を制限される。それでも外界との交流が途切れたわけではない。年貢船は航海に適した時期や風を利用して出発し、滞在先で帰りの風を待つ。その地で見聞した事を持ち帰り、自分達の生活文化に体系化していったことがうかがえる。

やがて七島の存在は、幕藩体制の弱体化と明治維新による政治的混乱の中で忘れさられ、名前を知られることもない、貧しいへき地離島として第二次世界大戦後までを生きることになる。

本書の生活背景と生活事象は、一九四〇年代から一九六〇年代の島のくらしを知る人達の記憶である。七島の島々が近代化へと変化していくのは一九六〇年代である。この時期を境にくらしの風景は徐々に変わっていく。第一部の「くらしの記憶」では、「潮風通信」（出身者や縁を持つ人を対象に十年間発行）に寄せられた手記を取り入れた。第二部の「歴史の垣間見」では、先祖正月（親霊《おやだま》祭り・七島正月）の口伝を通して、海民七島衆の残映を追ってみた。また「お日待ち行事」で作られる護摩札等を通して、修験道文化の痕跡を検討してみた。第三部の「民俗医療」では悪石島だけでなく、鹿児島県内で行われていた伝統的治療対処行動を収録し論じた。

七島（トカラ列島）というと秘境、へき地という枠組みの中で想像し捉えられる。絶海の孤島、閉ざされた環境、そこには何か違う異文化的な事象があるのではないかと期待する傾向が持たれてきた印象がある。村落祭祀に見られる祭祀文化の混在、「くらしの記憶」に登場する様々な事象、民俗医療に見られる治療対処行動の構造は、閉鎖性が示す事象ではなく、人の移動と交流と文化伝播が示す姿である。近代化の波が遅れたことにより、過去の姿がすぐ近くに見える。離島やへき地の事象は、我が国が通ってきた過去の過程である。

悪石島民俗誌2―くらしの情景・民俗医療――目次

第三部　民俗医療　107

装丁／鈴木巳貴

第一部　くらしの記憶

第一章　生活の情景

この章に記すのは、大正生まれ、第二次世界大戦前に生まれた人達が書き残した、昭和の時代の記憶である。七島の島々に近代化の波が届くようになったのは日本復帰後である。離島振興法の成立（一九五三（昭和二十八）年）によって徐々にインフラ整備が進められた。

一　「私達学校教育時代に付き」

「私達学校教育時代に付き」は、Mさん（一九一四（大正三）年生まれ）が八十一歳の時に綴ったものである。十島村に義務教育（小学校公立化）が布かれるのは一九三〇（昭和五）年である。それまでの教育環境を知る貴重な記録である。

悪石島立尋常小学校は、島民による雇い教員時代であった。何カ月間に何人も先生が替わられた。教員として御来島される方が少ない為、島内で卒業された方々に教えられた事もありました。

小学一年、二年と勉学に励み、夜学で週に一回の勉強も続ける内に、奄美大島本島から藤井清彦という先生が来島され、その先生のお陰にて尋常小学校を満十五歳で卒業致したのであります。

その時代には、十五歳になれば初有賦人《はつゆうぶにん》[1]として部落（集落）の奉仕作業に参加します。定期船が寄港すると未成年者で人先に海岸に駆けつける。通船作業では丸木舟で荷役等をする。十五歳有賦人は若いだけに、裸で我先にと海に飛び込んで舟を曳き止め荷役をする。

また道路等の係、新道造りにしても殆どが奉仕作業です。一家に二人三人の十五から六十一歳迄の男性の方が、有賦人で出仕事を行う時代でした。

その間に、週に一乃至二回夜学で学びました。先輩の方々、青年団長が未成年者達に勉強を激励され、満二十歳までは未成年禁酒禁煙でした。

早朝に部落（集落）総代が宅に行き、総代さんが起きられるまで正座し勤めて、要件の有る無しの指示を受けて吾家に帰る。夜も夕食前に総代宅に指示の回答を受け、夕食後には火の用心の呼び声、パチパチ拍子木を叩いて回る。三日間ずつの交代で未成年者の役目でした。私の時代は七、八人いました。

満二十歳を迎えたら徴兵検査が大島支庁で行われ、十カ島今の三島村も戦前までは同村でしたので、満二十歳の方は何十人に及びました。その様な時代を過ごし思い出を致しております。

二「雑収入と出荷物」、他

「雑収入と出荷物」、「木を切る時の唱え言」、「丸木舟のセイエ（背入れ）」、「昔からの言い伝え」はHさん（一九二九（昭和四）年生まれ）が綴ったものである。生産性の少ない小離島からも、様々な物が島外に出荷されていたことが分かり、興味深い。

ここには挙げられていないが硫黄を出荷していた人もいる。また薩摩琵琶が流行していた時代には、島に豊富にあった桑の木の芯を切り出して琵琶板用に出荷していたそうである。山に泊まり込み、根っこまで掘り起こして出荷した。帽子等の材料として需要のあったコバ（枇榔）の新芽、タニワタリの葉（生花用）を出荷していた時期もある。

また干し筍を作るために来島していた島外商人もいた。筍の塩漬け保存はこの商人から学んだ。

（一）ツワブキ（石蕗）

戦前・戦中を通じて自生するツワブキを北九州へ送る。炭坑で働く人達がよく食したと聞いている。その時期になると十島丸の寄港を予想しながら、毎日、石蕗採りに歩き回った記憶がある。十島丸に積み込んで、鹿児島港から貨車送りになるので頑丈な荷作りでないと苦情が来る。

そのため、島の呼名でダツ（ススキで巻簀状に編んだもの）の長さをツワブキの長さに大体合わせて編むと決めていたようだ。ダツを編むのは各個人で、老人達の役割だった。みんな同様の荷作りができていた。集荷所は帆小屋（帆・魚釣道具類の保管場所）を利用した。殆ど東港（ひがしみなと）、中港（なかみなと）に決めていた。昔は年貢船を出す港（宮尻浜の寄船神社の前辺り）を本港（ほんみなと）、その手前の港を中港、現在護岸が出ている船着き場を東港と言っていた。

一番苦労したことは十島丸の寄港予想が外れ、ツワブキが萎びて品質が落ちることと、時化《しけ》て集荷所の港から積み出しが出来ない事態となったときである。

宮尻の浜からは波間を見極めながら通船が出せる。自分の荷物・他人の荷物関係なく、みんなで協力して宮尻の浜まで石ころの上を飛び歩きながら運ぶ。助け合いが心底溢れていました。みんなが火事場の馬鹿力で頑張ったなと今つくづく思う。

ツワブキを売ったお金で納税し、戦中は戦時国債を買うことができた。国債は戦後紙屑となったようだ。ツワブキに助けられた時代だったが、どの様な経路を辿って島に注文が来る様になったのか、また十島村全島で送り出していたのかはわからない。これは、私が小学校時代の記憶です。

（二）ラッキョウ栽培

集落全部が作ってはいなかった様に思われます。学校から帰ると髭（根）むしりをよく手伝わされた記憶がある。大量に売り出す人達もいましたよ。良い収入になったのではなかろうか。自家用だけを作って塩ラッキョウの壺漬けも美味しいでしたよ。甘酢漬けの味を知らなかったからね。子供の頃の島の生活が浮かんできます。

苦労もあったけど、最高に思われてきます。懐かしいなあ。

（三）海人草（マクリ、マクイ）

太平洋戦争終結後は、現金収入は殆ど無く、大変困っていた時代の事について書いてみたいと思います。内地から小型の底釣船が来る様になり、海人草が売れる事で、深く潜れる人達は組んで仲買人に販売していたようです。良い稼ぎになったようでした。政成さん（一九三一（昭和六）年生まれ）の話によると夜光貝も売っていたようです。

私は深く潜ることが不得手で十m程度でしたので、浅場を探して採っていた。浅場で大量に採れる所もあった。そこは先輩達が私の為に残してくれたのだろうと思い、助け合いの人情が、昔から生きていた証しだろうと感謝しています。忘れられない記憶です。懐かしく思い出されます。

海人草を漁船に新円で売り、奄美名瀬でB円（単票）に両替していた。新円とB円は三：一で両替していた。B円はアメリカ占領下の沖縄や奄美大島、十島村などで使用されていた紙幣です（口絵写真vii参照）。昭和二十二年頃の記憶である。

当時は名瀬までの船便も途絶えがちで、金十丸も年に二、三回寄港すれば良い方だったので、名瀬からのポンポン船を利用することもしばしばであった。ポンポン船は名瀬港を起点として、奄美の各村を航行する小型船の事である。当時はまだ道路の無いところが多かったので村人は船を利用していた。

ポンポン船は十島村にも砂糖を運んでくることがあったので、私も一度だけ利用したことがある。悪石島から一家族の引き揚げもあり、甲板上で十名位の人数で、時化の為大変危険な目にあったこと、船長は燃料が不足するとの判断をし、島影が分かるまで流れに任せるとの事になる。引き揚げ家族の二、三歳の男の子をずれ落ちないように脚股に挟んで、危険な思い出が今も忘れられない。船は名瀬に入港出来ず、流れ着いたところは笠利村のサン（山）でした。

昭和二十一年の頃は食糧難のために大島、中之島、平島から悪石の親戚を頼って来る人もいた。私の所にも中之島と平島から縁続きの人が一時的に来ていた。

（四）ナバ山（椎茸栽培）

椎茸栽培は、みたけ山麓周辺で、集落共同で行われていた。浜村に乾燥小屋を建てて、収穫した椎茸を一昼夜交替で乾燥に当たっていた。私も一度だけ手伝いに行ったことを記憶している。

今は皆さん御存知の通り、菌を打ち込んで栽培していますね。当時は雨の降る日に総出で、ずぶぬれになって、原木（椎の木）の両端を餅つき用の杵で、二人で叩くのだと聞いている。急峻な山中で大変難儀な作業だったろうなと頭に浮かんできます。本村でも三人組んで同様な作業が行われていたと聞いています。

椎茸栽培について、何故雨降りに原木を叩きに行くのか知りませんでした。去る平成二十八年三月三十一日、ＮＨＫ「ニュース　シブ５時」の放送で謎が解けました。

雷が原木に落ちたら椎茸がよく生えると昔からの言い伝えがあったようです。原木に刺激を与え、水に浸けたらよく生えるとのことでした。島の先人達は、そのことを熟知していたのですね。

（五）木耳《きくらげ》の栽培

木耳は各個人で栽培していました。雨後によく生えるので、自分の持ち山で採集して、天日干し出荷していました。椎茸も木耳も自然がたよりだったのだろうな。木耳の原木はガジュマルやデイノキ（ショウベンノキ）だった。木耳が生える木は他にもある。乾燥すると量は少なくなるので、大した量にはならなかった。

椎茸と木耳で、どれ程の収入が得られたか分かりませんが、少しでもお金になればと頑張っていた時代が想像できます。

（六）木を切る時の唱え言と丸木舟のセイエ（背入れ）

私が小学生の頃に政義叔父さんが、古い丸木舟を何処の島から買い求めたかは分かりませんが、その舟にセイエ（背入れ）を入れなくてはならない（口絵写真iii参照）。

村の大人達が加勢して、タブの大木を切り倒してきた。舟に合致するように荒削りにして引き降ろして来ました。

木を切る前に唱え言があります。この事は若い人達は知らないかもしれません。切る木の下（モト）に、斧（オノ、島ではヨキ）を立てて、「ヨシダドンのヨキ」と三度唱えて、倒れなかったら木に主は宿っていないとの事で切り倒し、舟に合致する様に荒削りして、山から海岸まで運び込んでくれました。私は山には行っていないけれど、大木に対しての人間の関わり方が伺えますね。

正駒祖父と政義叔父さんが、三つの木（タブノキ材、イヌマキ材、ヒトツバ材）を繋ぎ合わして舟を大きくする。日数をかけて完成させました。その作業工程はよく記憶しています。なる程な、と今も思います。

繋ぎ合わせる釘も自分で作る。浜部落（浜集落）の入り口近くに鍛冶屋がある（昔の道です）。政義叔父さんと私が釘作りをしました。私がフイゴを使って空気を送り、木炭を燃やして平釘を作る。大変でしたね。今でもその記憶はあります。みんなの力を借りながら、完成できたなと思います。

（七）昔からの言い伝え

①「竹八、木十」。竹は八月、木は十月に切る。暦は旧暦です。

②「木下《きもと》、竹末《たけうら》」。薪割りは、木は根元の近くから割る。竹は末の方から割る。

③木の第一の枝が南に向いている木は切るな。主が宿っている。祖父の教えです。

④山中でイヌマキ（ヒトツバ）の木を見つけたら、木に我が家のハンを印に付ける。これは印を付けた人の物になる決まりだった。

⑤山を歩くときは、妖怪をびっくりさせないように唄でも歌って歩く。

三　「通船作業」、「水汲み」、「釣り竿」

「通船作業」、「水汲み」、「釣り竿」は、一九四六（昭和二十一）年二月、戦友の誘いを受けて初めて悪石島に来島した、W氏（一九一七（大正六）年生まれ）が残した手記である。外来者の目を通して描写された当時の生活情景である。

「通船作業」は人工物が無い未整備の港での原風景である。船の来港を知るのは潮見所から船影を目視したときである。船影を確認すると人々は港に走り、艀《はしけ》の準備をする。艀は本船と港を往復し、人の移動や荷の積み下ろし作業を行う。海が荒れているときの艀作業は危険を伴う。波の動きに合わせてタイミングを図り、人や荷の積み下ろしをしなければならない。

集落と港を結ぶかつての旧道は急な坂道であった。下るときは良いが、荷物を背負って上るのは重労働である。重い墓石や材木等を集落まで担ぎ上げていた、昔の人達の苦労が偲ばれる。新道の拡張工事や舗装工事が終わり、車が生活必需品となるのは一九七三（昭和四十八）年である。定期船が接岸できるようになるのは一九七七（昭和五十二）年である。

集落内には川や湧水地が無いため、集落から離れたタンゴン川と呼ばれる湧水地まで、水汲みに行かなければならなかった。水汲みは欠かせない日課であり、水を入れたタンゴ（バケツ）を担いで、坂道を上り下りするのは楽ではなかった。手記からは、天秤棒に担いだタンゴの水をこぼさずに運ぶ工夫など、当時の水汲みの光景が伝わる。庭先の木には笹の付いた竹を括り付け、笹を伝う雨水を大きな甕に貯めて生活用水を補っていた。水道設備が整うまで、集落自治会では山の水源地から集落まで水道を引く工夫を繰り返している。水道設備が整うのは一九六五（昭和四十）年である。

「釣り竿」は互いに助け合いながら暮らしていた、結いのくらしの一端を見せる情景である。

（一）通船作業

午前五時、ボーッと汽笛が鳴った。愈々《いよいよ》着いたなと甲板に出てみる。朝靄の中に島がぼんやり霞んで見える。どんな島だろう。期待に胸を膨らませる。港は何処だろう。目を光らせているうちにガラガラッと錨を下ろした。切り立った山が直接海にめり込んで、ものすごい様な有様だ。こんな処に人が住んで居るのだろうか。港は何処だろう。

あった。あった。石、岩骨の間をそこだけは石を並べて平に見える。上の方に小舟が十艘ばかりきれいに並べられ、波打ち際に小舟が一艘降ろされている。その回りに小人の様に沢山の人が集まっている。やがて小舟が降ろされたが、押し出した直後波しぶきをかぶり、一瞬舟が見えなくなった様に思われハッとした。僕の隣にいた人が、「ここから見ればそげん（そんなに）波もあるごと見えんが、ヘタ波があっとやろう。潮かぶったごとある」と独り言を言っていた。どこの島の人だろうか。詳しいところをみると十島の人だろう。

島そのものが何だかものすごく、成る程、名にふさわしい悪石島だと思い、このまま引き返そうかとも思ったが、せっかくここまで苦労してきたのに、一週間もすればまた船が来るだろうからと降りることに覚悟を決めた。この船が十島最後の船とは知らずに来た（一九四六（昭和二十一）年二月、北緯三〇度以南は米軍統治下に置かれる）。

やがて小舟が本船に着いた。小舟は丸木舟だった。別に降ろすような雑貨もあまり無いようだ。私は最初の舟で島に降りた。波打ち際で年取った人が、私達が乗っているのを見て、潮をかぶらないよう波の合間を良く見て合図をした。合図と同時に丸木舟はゴトゴトッと岸に着いた。と同時に青年が丸木舟に飛びつき、ヨイショヨイショと波の来ないところまで引き上げた。

舟から降りると、皆が物珍しそうに見ているので体裁が悪く、目の置きどころに困った。すぐ戦友の貞義君が「良く来たね。大変だったろう」と来てくれたのでホッとした。降りて少し上の方に行くと帆小屋がある。丸木舟の帆、舵、漁具等を置く小屋である。そこに行って休んだ。「本船が出るまでは皆通船作業があるので、済むまでここで休んでいるように」と話して、貞義君は通船作業に戻った。

立って周囲を眺めてみた。後は切り立った山、左右は石、岩骨、前だけは広々とした海。そこに十島丸（二七〇トン）がぽつんと見え、何だか静かな、落ち着いたもの寂しいような、なんとも言えぬ気持ちだ。二時間後、十島丸はボーッと汽笛を鳴らし出て行った。白波をけたてていく十島丸は絵にかいたように颯爽と美しかった。そのときの十島丸が今でも目に浮かぶようだ。

やがて貞義君が来た。貞義君の兄妹達に紹介され、やがて皆で村集落にのぼった。約二km、曲がりくねった小さな道。その坂道の急なのに驚いた。しかも自分は体一つでフウフウ言っているのに、島の人達は男も女も色々な物を一杯入れたテゴ（竹の背負い籠）を背負いのぼっていくのである。

（二）水汲み

今日初めてタンゴの川に水汲みに行った。島の青年達と皆一緒だ。何しろ生まれて初めてタンゴを担いでみるのだ。二十から三十度の急坂を下りていくと木の枠で囲った縦五m、横五mくらいの水溜まりがあり、四方からきれいな水がチョロチョロと木の槽の中に流れている。

タンゴに一杯水を汲んで、その中に竹笹を入れる。これは揺れても水がこぼれないためである。成る程と感心する事ばかりだ。竿でタンゴを担いで島の人達はゆっくり、ゆっくりと登っていく。僕も皆に真似てヒョイと担いでみた。実に軽い。こんなに軽いのに、どうして皆あんなにゆっくり、ゆっくりと歩くのだろう。おかしく思いながらよしと気合いを入れ、ドンドン登っていった。皆がオイオイとびっくりしていた。

ものの五分もかからないうちにその訳が分かった。三十mも行っただろうか。もういけない。息が切れる。足が動かない。といって急坂なのでタンゴを下ろすとせっかくの水がこぼれてしまう。下ろすこともできない。皆が「そんな登りかたして、体が持つっのか、もう少し気張れ、上にタオ（平らなところ）があるから、そこまで気張れ」と励まされ、やっとタオまで行ったときにはひっくり返って寝てしまった。

（三）釣り竿

島では、魚釣りに行くときは竿を持って行かない。途中、竿は幾らでもあるからだ。竹もその場所によっては、良い竿の取れる場所と取れない場所がある。まず、竿竹の取れる場所に行くと必ず良さそうな竹が切られ、あちらこちらに立てかけてある。その中から枯れた自分の気に入った竹を取り、枝をさらって釣り竿にするのである。そして、その替わりにまた良さそうな生竹を切って立てかけておく。次に魚釣りに来る人のためである。

第二章　漁

はじめに

荒海で知られる七島灘の海域は、黒潮が流れる魚の宝庫でもある。特に鰹漁と飛魚漁は島の主要産業として暮らしを支えた。鰹節・鰹煎汁《せんじ》・鰹塩辛は七島の年貢品でもあった。悪石島の浜には砂浜が無い。島を取り巻く海岸沿いには大小の石が転がる。恵まれた浜の環境にはないが、海を遊び、海を楽しむ漁もあった。

「白綱曳《しらつなひ》き」は年に一度、山の神を降ろして行う住民総出の漁である。「エイの魚切《いおき》い」は冬の大潮の夜に仲間と連れだって楽しむ、サヨリの漁《いさ》りである。海辺の近くに住む人が楽しんだ漁もある。いずれも素朴な漁である。

鰹漁については年貢品の史料を、その他の漁は体験者の手記を加えて紹介する。いずれも現在は行われることのない、失われた漁法である。

一　年貢品であった鰹節・鰹煎汁《センジ》・鰹塩辛

七島節は質の良さで知られていた。『薩隅日地理纂考』に七島節の質を記す記事がある。[2]

「七島ノ松魚《カツオ》ハ大海巨濤ノ中ニ産する故肥ル事ヲ得スシテ醒氣少シ松魚脂《カツオブシ》ハ長ク藏メテ蠹《ムシ》ツカス煎汁ハ堅凝シテ油汁ナシ鱁鮧《シオカラ》ニシテ亦然リ此諸品其味モ佳味ナラサルナシ薩國所産ノ第一ニシテ世ニ七島脂《シチトウブシ》七島煎汁《シチトウセンジ》ト稱セリ　此二品ハ七島中臥蛇悪石ヲ最上トス　七島土人専ラ漁釣ヲ以テ生業トス」引用は薩隅日地理纂考（一九七一：三一七）。

鰹漁は七島の主要産業であること、荒海で産する七島の鰹は脂のノリが鰹節に適しており、七島の鰹節・煎汁・塩辛の質の良さは薩国所産の第一と称されている。中でも臥蛇島と悪石島産の物が最上であると記している。

古くは『南島偉功傳巻下』に、永正十（一五一三）年、種子島氏への七島貢物の記事がある。[3]

七島臥蛇之島より納申候

御役所

一　綿十八把この内九把納申候　鰹ふし五れん

一　叨煎の小桶

叨煎とは鰹煎汁のことであろう。鰹節や煎汁が一五一三年には貢物として納められているということは、その頃には既に鰹の加工技術があったということである。その技術が七島に由来するのか、他の地域から仕入れたものかは定かではない。生産性の少ない、小離島に住む七島の人々は、豊富に捕れる海の資源物「鰹」の加工技術・貯蔵技術を磨き生業にした。

年貢品の鰹の塩辛とは胃袋等の内臓の塩辛である。島で塩辛というと内臓以外に鰹や沖サワラの頭も小切りにして塩漬けした物である。食べるときは塩抜きして酢でしめる。年貢品として鰹の加工物が納められていた時代は、おそらく身は鰹節、内臓は上物塩辛として年貢品にし、自分達は残りの頭で塩辛を作り、中骨を燻製にして食したと推測する。

鰹釣船は有賦人《ゆうぶにん》の仲間入りをする十五歳から乗っていた。Hさん（一九二九（昭和四）年生まれ）によると、鰹釣船は大型の和船で、有賦人全員で釣る組合の漁であった。鰹漁の前には撒餌の雑魚を捕って潮を入れた大樽に入れておく。潮の入れ替えをしながら雑魚を生かして置き、その撒餌を撒きながら鰹を釣ると聞いていたそうである。鰹漁はやがて組合で行う漁から個人漁に変わる。

第二次世界大戦前までは港沿いに鰹の作業小屋が並び、加工した鰹節や煎汁・塩辛は鹿児島市や奄美大島の名瀬に売りに行っていたそうである。一九三五（昭和十）年頃には発動船を持つ人もいた。しかし、本土漁船が七島近海に進出するようになると太刀打ちできなくなり衰退する。

明治・大正生まれ世代までは、自家消費用に鰹節や煎汁を製造していたが、その技術も自然消滅する。塩辛は沖サワラが好まれるようになり、鰹の塩辛は作られなくなった。

二　飛魚漁

飛魚は戦後の貴重な現金収入源であった。飛魚漁で一年分の現金収入を補ったといってもよい。港沿いには飛魚小屋が並び、その前には飛魚を干す竹棚が広がっていた。飛魚は一晩で二千匹、三千匹水揚げすることもあり、港は活気に沸いた。大漁の情報は学校にも伝えられ、子供たちは飛魚の鱗剥ぎにかり出されることもあった。

背開きにした飛魚は大樽に塩漬けにされ、晴天に天日干しを繰り返す。休みの日や放課後には子供たちも浜に下り、飛魚の天日干しを手伝った。カラカラに乾燥した飛魚はカマスに詰められ出荷される。塩気の効いた干し飛魚は、田んぼ作業の合間に食するご飯の菜として、農家に重宝されていたそうである。

飛魚卵はイオンコ（魚の子）と言って塩漬けにし、飛魚同様に天日干しにして保存食にした。こちらは出荷されることは無かった。飛魚時期に食卓に並ぶのは飛魚の刺身、飛魚ぶつ切りの味噌汁、イオンコの煮物が続く。乾燥飛魚やイオンコは保存食として年間を通して重宝された。

飛魚漁は夜に行われる漁である。飛魚漁の様子をA・Mさん（一九四三（昭和十八）年生まれ）の手記で紹介する。

トカラ列島の島々では、八十八夜の頃から一カ月半ほど漁繁期に入る。飛魚の網漁である。飛魚漁の想い出を通して島の昔の生活の一部を綴ってみたいと思う。

中学三年生のとき、楽しみにしていた飛魚漁に、従兄弟の保兄さんと連れて行って貰えることになった。私達二人は初めて参加する。嬉しい反面、不安な気持ちもあって何だか落ち着かない。メンバーは私の父と勝兄さんと恵信伯父さんと私達二人です。

夕日のとばりがおりる頃、飛魚を取る網を丸木舟に積み込む。「カタカタッ」「カタカタッ」と忙しい音を立て、ふわふわした網が船に積み込まれてゆく。父や兄達がせっせと仕事をやっているけど、まだ何も手伝えない。「ザザーッ」とすぐ前方で波がゆるやかに打ち寄せる。夜中の寒さに備え着込んでいるのだが、それでも肌寒い。時おり海を渡ってくる熱風が頬をなでる。ふと見ると、さっき下りてきた峠の松の木陰に満月が美しい。うす闇の海に乗り出す気持ちは何かセンチメンタルを感じる。

「さあ、おまえ達も乗れ」、父に呼ばれて小舟に乗ってみると、もう網の積み込みは完了。「出発だ」父達が舟を押し出しながら巧みに乗り込んだ。丸木舟は夕暮れの海におどり出た。水棹《みざお》で少し沖につき出してから櫓を立てる。「ギギーッ」「ギギーッ」。夕闇の安浦湾の絶壁に兄の漕ぐ櫓の音が染み入るようだ。まだ他の船は出ていない様子。「この辺で網を入れてみようか」、皆父に同意をしてすぐ取りかかる。初めは潮の流れ、魚の掛かり具合を調べる為の試みみたいなものだ。

魚が網の外側から掛かっていたら次はもっと沖に、内側から掛かっていたらもっと浅い方に網を張る。「パサッ」「パサッ」、舟を進めながら網はどんどん投げられていく。三百ｍとか話していた。網を投げ終えると舟は尻手《しって》を引き張り反転してようやく止まる。夜の海は満月にキラキラ光り、静かな海の上は彼方の島まで歩いて行けそうだ。「ザザーッ」「ザザーッ」ただ白波だけが軽く島影で砕ける。

よく気を付けるともう他の舟も来ている。今夜はどうだろう。何か期待できそうな、不安のような、父達はそんな顔をしている。何となく魚や海藻のような臭いのする時は、大漁があるそうだ。保兄さんもさっきから黙り込んでいる。でも大変嬉しい。歌でも口笛でも吹きたいような。しかし海では父達が妙にそれを嫌うのでうっかりやれない。

網をつけてから十五分ぐらい経ったろうか、「バタッ、バタッ」「バタバタッ」「ジョボ、ジョボッ」と前方の網の中で魚らしい物が掛かり始めた。「それそれ」と皆言う。これは大漁だぞと嬉しい。父達は初めての私達が何も知らずに喜んでいるのがおかしいのか、にこにこしている。

しばらくして、父から「タモ（保）とマコ（誠）とで引き揚げよ」と言われたので少し驚いた。恐る恐る網を引き揚げるとざわついていた辺りに四、五匹飛魚が掛かり白く見えている。揚げるうち数カ所にまばらに掛かっていた。初めて握る魚は嬉しかった。しかし揚げるうちに腰が痛くなってくる。何しろ網が長いので網を引き揚げるのではなく、舟を網に近づけて網が揚がるのだ。腰が痛む、網のしずくがズボンを濡らし冷たい。漁は案に相違してたった数十匹。魚がほとんど水面の部分に掛かっていたので音が大きかっただけだ。こうして次々と繰り返し、網を投げる。

今度の魚は内から掛かっていたか、外からか、外からなら次はもっと沖に、潮流はどうどうだから、ここからどう網を入れても、岬に網は流されないなど、考えて入れなければならない。こうして一晩の内に八、九回ほど揚げては打つ。そして二、三十分間魚の掛かるのを待つ。こうしている間は色々と話をする。昼の仕事の話、世の経済の話……綺麗な星の夜など話は天文学に入る。あれがカシオペア座とか兄が教えてくれる。恵信伯父さんもいろいろと見聞の広い人で面白い話をされる。

少しうねりが出て来たようだ。月の夜は良いが、そうでないときはひっそりとした黒い島影が耐えられないように寂しい。月夜には網を打って休んでいる間の釣りが楽しい。夜の底釣りは、良く釣れるし、また手応えのある大きい魚が釣れる。引き揚げる魚は赤い色のタイ類が多い。太い魚が舟の底で夜光の円を描きながら上がって来る釣りはスリルがある。また親魚《オヤイオ》と呼んでいるマグロ類の大きな魚も多い。これが網の中の飛魚を食おうと網を破るのが困りもの。すぐ舟の側を、背中を半分出してのっそり進む。銛で突けば捕れそうだが、それをやらないのは何か魚に飽き足りているような、また私達が考えるより捕えるのが難しいのか。

それにしても父達はよく釣る。太い針にワイヤーをつけて、飛魚を餌として釣るのである。掛かったら大変だ。父は命がけだ。私達に近寄るなと言う。もし釣れているとき、ワイヤーにまつわりでもしようものならひとたまりもないとのこと。父が一手繰《ひとたぐ》り一手繰り手繰り寄せる縄は、何か殺気を帯びているようだ。しかし捕えることのできるのは半分もないのだが。

びっしょり濡れた体は疲労を伴ってぐったり眠くなり、「スクヤ」の上に寝入っていたようだ。父に起こされて最後の網を揚げて帰る。普通二千匹もとれると大漁だが、その夜は三百匹ぐらいしかとれていない。午前二時半頃だったろうか。夢の中で歩いているような気持ちで帰路についた。

三　しらつなひき（白綱曳き）

(一) はじめに

古代漁法を伝えるものとしては、潮の満ち引きを利用して魚を獲る石干見（イシヒミ、イシヒビ）と呼ばれる漁法が知られている。海岸沿いから海中まで石や珊瑚を積んで囲いを作り、満潮時に囲いの中に入った魚が、干潮とともに囲いの中の潮だまりに残る原理を利用して魚を捕獲する漁である。

悪石島では、石干見（イシヒビ）同様に潮の満ち引きを利用して行う「しらつなひき（白綱曳き）」という漁が、一九五四（昭和二十九）年まで伝承されていた。白綱曳きが行われる場所は「ひがし（東）」と呼ばれる浜である。大潮には瀬が広がり、貝や磯海苔採りを楽しむ浜である。白綱曳きの漁場は、丘の湧き水が細い小川になって海に注ぎこむ河口から、左方向に少し行った場所だったそうである。そこは石の隙間に僅かに砂がみられ、潮が引くと前面に三十m位の瀬が広がる。その瀬が「白綱曳き」の漁場になる。

（二）漁の実際

白綱曳きが行われるのは年に一度だけである。旧暦五月の荒南風の時期に、山の神を降ろして行う住民総出の漁である。この日は山に入ることが禁じられる。雨が降っても必ず実行された。

日程が決まると前日から準備が始まる。十五歳から六十歳までの男子は、各々十五尋《ひろ》（一尋は両手を左右に伸ばしたときの、指先から指先までの長さ）の藁縄《わらなわ》（稲藁でも茅でもよい）を持ち寄り、「しらつな」をなう。当日は、その綱を持って皆で東の浜に行く。

東の浜に向かう前には、御岳《みたけ》の山に向かって「しやつなひきやっどー（しら綱曳きだよー）、しやつなひきやっどー、しやつなひきやっどー」と三回おらんだ（叫んだ）。御岳《みたけ》（標高五九四m）は悪石島で一番高い山である。山の神に白綱曳きを知らせ、山の神を降ろすのだそうである。山の神が魚を集めるといういわれがあった。

東の浜に近づくと、ホンネーシ（本内侍《ほんないし》・巫女）は東の宮に寄って拝んでから浜に下りた。東の浜に着くと、潮の流れや魚の群れをよく知る年配者二、三人が、潮見所の小高い丘に登って魚がいる場所を探す。男達は持ってきた白綱を繋ぎ合せて、コバ（枇榔）の葉や裂いた芭蕉の皮、葉の付いた小枝、柴などを五十㎝間隔に吊るし、潮見所からの合図を待つ。

潮見所にいる年配者は、魚のいる場所を見極めると旗を振って指示を送った。その指示を受けて、漁のリーダー達三十人程が、まだ満潮のときに褌姿で瀬に渡り、瀬の端まで白綱を回した。白綱は二手に分かれて持ち、両方から魚の群れを囲むように回し、魚を追い込みながら陸の方に向かって狭めていく。

干潮に合わせて、待っている人達も瀬に乗り、白綱を持つ人数は五十人以上になった。白綱が浮いて流されないように、綱を足で踏みつける人もありで、多い人数の方がよかった。白綱は沖側を男性が、陸側は女性が持つようにし、女性の間には男性が入るように配置した。干潮に合わせて徐々に囲み綱の輪を小さくしていくと、潮だまりには青や赤のブダイ、ヒツオ、カワハギ、コウメジロ等の磯魚や、数は少ないがヒラアジ等も交ざり大漁だったそうである。

最後の白綱曳きに参加したA・Mさん（一九四三（昭和十八）年生まれ）の手記を紹介する。

小生満十一歳ぐらいの頃、従兄の英と最年少で参加したのが最後でした。島の人はもちろん総出、学校の先生をはじめ、沈船作業の人等、島へ来ておられた方々も加わり、それは島を上げての一大行事でした。

漁は島の人が綯《な》ってきた藁縄に木の葉のついた枝だったか、等間隔に吊るし、朝のうちに魚のいる場所を囲い、本土の地引網のように岸から引くのです。しやつなを廻す時は、勝《かつ》おじさんが岸の小高い丘の上から、魚の居る場所を見極め漁のリーダー達に指示を送っていました。潮が腰ぐらいまで引き、しやつなの輪も少し狭まるころ、皆が瀬の上に上がり、しやつなを持つ人垣も総員となります。さらに潮が引き、ゆるやかな波は珊瑚礁の小高い所で砕け、岸に寄せます。皆それぞれに、しやつなを揺すり、魚を外に出さないように内の方へと追い込みます。

いよいよ輪も狭まり、中の魚も外に逃げられなくなります。時々人々の叫び声があがります。人垣を突破して魚が外に逃げたのです。

潮もたんたんとすっかり引き、いよいよ「しやつな」の輪も小さく狭められると、中の魚もよくわかり、魚の数もすごいものです。南国特有の赤・青・白・黒とカラフルです。若い男達が魚をタモで掬って岸に投げ上げます。銛で突いて投げ上げます。大漁でした。

沈船作業で来ていた「みなもとさん」とかおっしゃる体の大きな方が、岩穴から小さな魚をつまみ上げ、秀雄叔父さんだったか「ずい分と大きな人が、ずい分と小さな魚を獲った事よ」とか言って、皆で大爆笑になったりしました。

捕れた魚は参加できなかった家の分も、タマスを打って（分配して）それぞれ貰って帰りました。

(三) 結論

白綱曳きは潮の満ち引きを利用して行う漁ではあるが、石干見のように定置漁具の方法ではない。簡易の綱に草木を吊るして垣を作り、多人数が参加して行う一回限りの漁である。その方法は極めて素朴で原始的な漁である。山の神を降ろして行う祭祀的な漁でもある。単に一般的な漁法として行われていたというよりは、祭祀的要素や娯楽的要素を包含する漁であったと考える。

また山の神を降ろして行う白綱曳きには、山と海は連続するものであり、山が海を育むというメッセージが込められていると考える。四季の大祭では、島を形成する主要な山・岬・瀬の名を一つ一つ挙げ、そこに住む神に祈りを捧げる。昔の民が山も海も人が住む地を育むものとして捉え、畏敬の念で向き合い、暮らしていたことを想像させる。白綱曳きは平島など他の七島でも行われていた。

では日本の他地域に同様の漁の事例はないのだろうか。『伊波普猷全集』第四巻[4]に収録されている、「南島方言史攷」および「沖縄考」の中で、「しらつな（白綱）」という名称の漁が論じられていた。また薩摩藩士名越左源太時行が、大島配流中に記した『南島雑話1　幕末奄美民俗誌』[5]に「白綱」が出てくる。

「南島方言史攷」――海東諸国記附載の古琉球語の研究「魚」――

「しらつなの御初、なまむしやもち。那覇より上がる」とも見えている。しらつなは一種の漁方で、縄にいろいろの物を垂れたものを延へて、魚類を追いこめて取ることである。那覇の近海で取って、早速献じたものだから、これになまむしやもちといった。これが鮮魚に相当する語のように思われる」引用は伊波（一九七四：九八）。

「沖縄考」――那覇の起原は漁場《なは》――

「田島利三郎先生の書入れには、『しらつな』を漁方の名として縄にいろいろの物を垂れ下げて、延へて魚類を追ひ集め、手綱《さで》ですくひ、若しくは網で取ることで、俗にサザー或は夕、チャーと云ふ、と見えてゐるが、私の子供の時分には、壺川の人が数隻の独木舟に上述の仕掛けをなし、舷を叩きながら、ホーホーと呼ばはり、魚類を一定の区域に追ひ込んでから、網で取る漁方があって、俗に之を壺川ホーホーと云ってゐた。これなども昔の『しらつな』の名残に違ひない」引用は伊波（一九七四：四二九－四三〇）。

『南島雑話1　幕末奄美民俗誌』

一　赤鼻片ギス猟之事

一　白綱ノ事

一　夜光貝異風貝取ノ事

沖縄の「しらつな」の漁法は、悪石島の「しらつな（白綱）曳き」と同じ漁法であると考える。奄美大島の白綱は具体的な方法については記されていないが、漁猟の一文であり、白綱の漢字からは同様の漁法であろう。これらの記事から分かることは、「しらつな（白綱）」という名の漁法がトカラ列島から琉球列島まで、南西諸島全域で行われていたということである。同様の漁法が日本の他地域でも行われていたかについては分からない。

悪石島の白綱曳きでは、捕れた魚を分配することを「タマスを打って（分配して）」と表現している。この表現は日常的に使われる語ではなく、不思議な響きを持つ「タマス」の表現が気になった。「沖縄考」の『宮古島紀事仕次』にタマスに相似する表現が出てくる。

「沖縄考」――那覇の起原は漁場《なは》――

「中宗根の豊見親空広《そらびろ》（天順年間誕生、弘治年間酋長になった者）七歳の時の話に、「其日当世の主大里大殿、赤牛に跨て大勢を引卒し、通尻といふ磯辺江白縄の慰にとて出給ふ。空広遙に是を望見て云々」と見え、更にくはしく、

此日の白網、過分に魚を得たり。大殿も空広が才知を測らんとおもひ、汝いで、、今日の魚たまを打《うた》せよとの給ふ（原注、魚たまとは人々に魚配分する事也）。空広則領掌し、大分の魚を割符（分配）する事親疎無ふして、そのすみやかなる事妙を得たり。大殿も大きに感じ給へり、云々。

と出てゐるから、白綱の四百数十年前の宮古島で行はれたことも明かである。これでそのかつて南島全体で行われた漁法であることが、いよいよ確実になるわけだ」引用は伊波（一九七四：四四〇）。

『南島研究』第六一号に掲載されている、酒井卯作先生の「奄美西古見覚書メモ」にタマスの語を見つけた。「大正時代は部落全体が一つの組合をもっていて、大きな地曳き網があった。そのときとった魚は人頭割りで、各人に配った。それをタマスをくれるという」[6]。奄美大島でも魚を分配することをタマスと表現していた。タマスの語は個人漁ではなく、公共または共同漁で捕った魚を分配・配分するときに使う語のようである。

綜合日本民俗語彙に「タマス」の語があった。主として九州南部から南島にかけて分布する漁獲物ないし狩りの獲物の配分を示す語」とある。[7]「タマス」や「タマスを打って」の表現は、分配・配分を意味する古い語彙であり、かつては九州南部から南島にかけて広い範囲で使われていた言葉であった。

四　エイの魚切《いおき》い（り）

「エイの魚切い」とは、旧正月頃の大潮の夜に、東の浜で行っていたサヨリの漁《いさ》りのことである。松明《たいまつ》の灯りに寄ってくる潮だまりのサヨリを、使い古しのノコギリで引っかけて捕る、珍しい漁法である。一九六〇年代まで行われていた。東の浜は大潮には瀬が広がり、貝や磯海苔採りを楽しむ浜である。白綱曳きの漁が行われていた浜でもある。

「エイの魚切《いおき》い」を楽しんだというYさん（一九三二（昭和七）年生まれ）、およびMさん（一九四六（昭和二十一）年生まれ）とSさん（一九五二（昭和二十七）年生まれ）の体験談を紹介する。

（一）体験談

①Yさん

エイの魚と言いよったのは、島で言うナガサイという小さい魚の細長いとで、焼いて食べればとてもおいしい。

旧暦十一月の爺婆《じいばば》の年の晩（親霊祭り・七島正月）とか、旧正月の年の晩、ヒチゲーが終わってすぐよね。二十九日、一日は大潮だから。東まで歩いて行きよったので二晩は行けない。好きな人は男でも女でも自由に参加する。大体三名で組んで一組か二組ぐらいかな。

松明《たいまつ》は昼の内に準備する。竹の松明を作ったり、赤松を割って持って行ったりしよった。赤松は、針金で網を作って、その鉄の輪っかの中に赤松を割って入れて、火をおこして、それを竹竿の先にぶら下げる。

松明は大分持って行くよね。三十から四十㎝の長さに切った赤松を、直径十五㎝ぐらいの太さに束ねて、一組で五ないし六個、七から八個持って行きよった。松明を吊るす竹竿は長さ約五尺、百三十㎝ぐらいかな。いっぺんに担いでさいき（歩き回る）がならんから、海岸に山当て（山の形を目印に）をして配っておくのよな。

潮が引いて、窪みに魚がおっ（いる）。松明をかざすと灯りに魚が寄ってくる。魚は足元にぞうぞう（ゾロゾロ・ウジャウジャ）来る。昼間のように怖がらないで、灯りを見て寄って来る。ボーッとして居眠いついている。

松明を灯している人は見物するだけ。「ほら来たー、ほら来たー」と言って、魚切いはできない。灯りに魚が寄ってくるので、あとの二人は魚を古鋸《ふるのこ》でひっかけて瀬に投げる。体半分は切れてパッタン、パッタンしている。エイの魚だけでなく、青バッチとか色々な魚がたくさん獲れた。

松明は立てると燃えきらんので、斜めに持ってかざすと風でボーボー燃える。闇夜だからパーッと明るくなる。

寄ってきた魚をノコギリで引っかけて切るので「エイの魚切い」と言う。

②MさんとSさんの対談

Sさん：エイ切いと言って、闇夜の大潮の時に束で、夜中に灯りを点けて、ヤト（潮だまり）の中に入ったサヨリの大きいのを、島でいうナガサイのような魚、島でいう倒伐《とうばつ》ノコを持って行って獲る。

Mさん：松明《たいまつ》を焚いて、潮の引くとを待って、海の中に入って、光に寄って来てウジャウジャしちょっので、それをノコギリの歯に引っ掛くっ。

良かノコだと魚がぷつっと切るっから、がんたれノコを持っていく。上手な人は身を傷つけんように、頭を引っかける。捕れる時には、テゴ（背負い竹籠）に何杯て入りきらんしこ捕れた。

Mさん：行く人が松明を採りに行かんといかんから、オイだ（俺達は）広美兄《あん》ちゃんが先頭に立って、湯泊まりの崩れた所で、倒木の赤松の芯を取って準備して、それぞれがテゴに入れて束に持って行く。

Sさん：もう、場所が決まっちょんのよ。潮が引く所が。ノンゼの左側。水が出てくっ所の下。昔、遠足に行っちょった所。瀬が出るのは、湯泊りの硫黄が出る地獄と言っていたあの辺まで、あいからこっち。

Mさん：潮が引くと潮だまりが出来っで、そこにウジャウジャおっ。潮が引くのを待たないと全部逃げる。少しでも海水があれば逃げる。そのタイミングをはからんといかん。

Sさん：島でいう畳になったというぐらいに、瀬が干上がらないと駄目。

Mさん：松明は、針金で作った網籠みたいなのに、火を点けた赤松を何本か入れて竹竿の先にぶら下げる。

Sさん：こひこばっかい（これぐらい）。手の幅は四十㎝ぐらい）のを束ねて持って行く。普通の松明やったら、水面が光って見えんのよ。ほいで（それで）、赤松は燃えが良かし、海の底まで見える。火持ちもする。

Mさん：瀬の上で松明をかざしている人は自分の足元が見えんので、夢中になってくると窪みに落ちて、灯りを消す事もあった。

Sさん：島のサヨリは大きい。やいやい（どんどん）切って投ぐっわけだから。引っかけた魚を瀬の上にどんどん投げる。

Mさん：向こうの方から手前に（沖から岸の方）移動してこないと、運ぶのが大変。

Mさん：おもしてーど（おもしろいぞ）。七、八人でも十人でも、何人でも行きたい人が行く。人数が多い時は、松明を入れる針金の籠を二つ作ればよいわけだから。松明を持つ人は一人。切り手と拾い手と、自分で切って拾うてもよかのよ。

Mさん：昔は年な衆（壮年）がいっぱい居ったから、広美兄《あん》ちゃん、政兄《あん》ちゃんなど。

Sさん：ちんか兄《あに》（ちんかは小さなという意味。兄弟の中の下の兄）、保兄《あに》、勝おじが元気な時は勝おじなんかとも行っていた。

下ん爺が赤松で臼を作りよったので、赤松を倒した時に。また、その時期に倒しよったので、それを取って持って行きよった。湯泊まりの崩れた所や学校の上の松も赤松。松明に良いのは赤松の芯。松ヤニに火が点くので火持ちが良く、明るい。

Mさん：タブの木は駄目。赤松が無い時は竹も使うが、竹の場合は相当の量が必要になる。

Sさん：捕った魚は行った人達で分けて、塩漬けにして、天日干しにしたり、ゆるい（いろり）で燻製にした。

沖縄県石垣島では、かつては田んぼにいっぱいウナギがいて、夜、松明をつけて、古くなった鋸を使って捕っていたそうである。[8] 海と田んぼと漁場は違うが、魚の形態も漁具として松明と古鋸《ふるのこ》を使うのも同じである。光に寄ってくる魚の習性を利用し松明を使う、細長い魚を引っかけて捕るのに鋸を使う、鋸は古鋸を使うことで魚を極力傷つけないで捕ることができる。

この漁法が、それぞれの場所で偶然生まれたものなのか、情報伝播によるものかは分からない。他地域にも同様の漁法があるのか興味深いところである。

五　浜辺の漁

日常的に釣りを楽しめるのは海岸近くに住む人の特権である。S子さん（一九六八（昭和四十三）年生まれ）の手記を通して、かつての浜辺にあった豊かな海の恵みと素朴な漁を紹介する。


浜集落に住んでいた私は、水平線に沈む夕日を毎日のように見る事が出来た。あの頃は、それが日常で当たり前の事だった。

母は釣りが好きで、天気が良く時間さえあれば、竹竿を肩にかつぎテゴを背負って出かけていた。餌は現地調達の磯アマメ（フナムシ）だ。岩に群れているアマメを竹笹で払いバケツに入れると、あっという間にたくさんのアマメを捕まえる事が出来た。そのアマメで調子のよい時はヘキやヒツオ、ウノダカ、カベラなどを何匹も釣り上げた。

夏の夜は、イセエビ釣りにも行った。夕食を終え、バケツと釣り道具、懐中電灯を手に、港の防波堤の突端まで母について歩いて行った。竹の筒に釣り糸を巻いて錘と釣り針を付けただけの単純なしかけだ。魚の切り身を餌に海底まで落とし、しばらくするとイセエビがジーッ、ジーッとしかけを引っ張るのだと母は言っていた。そしてゆっくりと糸を手繰り寄せると良型のイセエビが上がってきた。

ザーッ、ザーッと波が防波堤に打ち寄せるたびに夜光虫がキラキラと輝いて、とても綺麗だった。私は、母の横で防波堤に寝転がり、満天の星空を見上げながら波の音を聞くのが好きだった。今考えると、それはとても贅沢な時間だったのだなとしみじみと思う。

第三章　季節の楽しみ

一　三月ん節句

子供たちが心待ちにしていたのが「三月ん節句」である。午前中は荷積《につみ》海岸の池（岩で囲まれた海水の池）で「舟浮かばせ」を楽しみ、午後は「弁当開き」を楽しむ。

男の子たちはこの日のために舟作りに励んだ。小さな男児は親に作ってもらい、小学生は親の手を借りながら、中学生になると全て自分で作る。それぞれ自慢の舟を持ち、付き添いの大人も交じえて皆で荷積海岸に向かう。舟は丸木舟から精緻な汽船まで色々ある。池に舟を浮かばせ、形や走る姿を競う。島の人は手先の器用な人が多かったという印象がある。

午後からは子供たちは仲良しグループで集まり弁当開きを楽しむ。大人は公民館に集まり宴会を楽しむ。子供の弁当箱は三段重ねで、ご飯物、おかず、お菓子（古くは餅）の重である。戦前の弁当箱は木製の手提げ弁当箱である。家庭によって得意料理や珍しい物があり、好きな物を交換しながら弁当開きを楽しんだ。三月ん節句が近づくと、弁当重の食材にするため、大潮の日を選び東の浜に貝獲りに行く。

昔の弁当重の定番は、揚げ豆腐の煮含めとナベヤキ、卵焼き、燻製魚の煮含め、コブシメイカや貝の炒め物等、漁菜中心の品であった。

二　サシバの渡りと鷹《たか》さし

「鷹さし」は男の子が楽しみにしていた。毎年十月頃になるとサシバの群れが、渡りの途中に島で羽休めをする。この時期になると男は大人も子供も鷹に夢中になる。鷹さしの翌朝には、鷹が鋭い目をキョロキョロさせながら庭先に繋がれていた。

鷹さしはW・Tさん（一九五六（昭和三十一）年生まれ）の手記で紹介する。


島での、男の子の楽しみの一つに「鷹さし」があった。鷹とは「サシバ」のことで、「鷹さし」とは、トリモチでサシバをくっつけて捕獲することである。現在は絶滅危惧二類に指定されており、保護のため捕獲すると罰せられるが、かつては捕獲して食用にしていた。

秋の気配を感じさせる、肌寒くどんより曇った日を「タカ日和」と言う。サシバが渡って来そうな天気のことだ。冬を南方で過ごすサシバは渡りの途中、天候が悪化しそうになると島で羽休めをする。この時期になると男の子たちは、いつサシバが飛来するか、楽しみに待ちわびていた。

島には、すべてのサシバが飛来するわけではなかった。天気の良い日は、羽休めをせず、天高く澄み切った秋空の中を点々と群れをなして宝島の方へ飛び去っていった。そんな日は、がっかりしながら眺めたものだった。島で羽休めをするのは、天候が悪くなりそうな時や、夕方になり次の目的地までたどり着けそうにないときである。宝島の方へ飛び去ったサシバがまた戻ってきたのを見たことがある。

秋の気配を感じる少し肌寒い頃、雲の中からサシバの大群が渦を巻きながら舞い降りてくる光景を見て、運動会の練習中に「鷹、鷹」と大騒ぎをして、よく先生たちにしかられたものだった。運動会の練習どころではなかった。そわそわして、放課後になるのが待ちどおしかった。

放課後になると、校庭の隅にあった大きな松の木に登って、サシバが泊まる山の場所を確認した。サシバは、ねぐらの場所に敏感で、風のある日などは、二回ないし三回は泊まり場所を変えることがあった。暗くなるまでよく見ておかないと、鷹さしに行っても一羽もいなかったということになる。殆どのサシバが竹林の竹の上をねぐらとし、羽を休める。松や杉の木をねぐらとすることもある。

この鷹さしに必要な物がヤンモチだった。ヤンモチとは、トリモチのことで、ヤンモチ木は「モチノキ」のことである。皮を剥いで金槌や木槌でつく。皮が砕けて細かくなり粘りけが出てきたころ、水の中で素早く洗う。すると、ヤンモチ以外の繊維がとれて、わずかばかりのヤンモチが取れる。洗面器一杯ついても、取れる量はせいぜいおちょこ一杯くらいだった。

ヤンモチの木にも皮を剥がしやすい木と剥がしにくい木があった。特に水をたくさん含んだ水木は、竹を切って竹の切り口をナイフ代わりに使って簡単に剥がせた。剥がしにくい木の皮は鎌で剥いでいた。

昔聞いた話では、ヤンモチを買いに来る商人がいて、島の人は臼でついて樽に入れて売っていたらしい。このヤンモチも髪の毛につけた時が一番やっかいだった。なかなか取れない、仕方なしに、ランプに使う石油をつけて取った。石油をつけると柔らかく溶けて取ることができた。しかし、後が臭くて大変だった。

　鷹さしの道具は、よく芯のでる（ビームになる）懐中電灯と「鷹さし竿」だった。「鷹さし竿」は、三ないし四ｍの物干し竿くらいの大きさの竹に、一・五ｍから二ｍの親指くらいの太さの竹を継いだ。この継いだ竹を「むつびし」と言っていた。

「むつびし」とは、先の方にヤンモチを付けた竹のことである。むつびしの先に三十㎝くらいヤンモチをべったりと付ける。付け方は、そのままだと手にくっつくので、つばを手につけて伸ばしながら付けた。そして付け終わりに、細い十㎝くらいの白い布切れを括り付けておいた。これは、どこまでヤンモチがついているか、暗闇での目印にするためだった。

　さし方は、夕方確認しておいた鷹のねぐらへ、暗くなるのを待って出かけた。鷹を見つけると、一人が鷹の目に懐中電灯の光を当て注意を引く。もう一人がヤンモチのついた竹竿を持って、鷹が泊まっている場所まで近づく。近づきやすく足場の良いところはよかったが、竹藪の中を、音を立てないように忍び寄るのは、かなりの要領が必要だった。

　だいたい、鷹をさすのは、真下からが多かった。鷹の止まっている真下に近づくと、竹竿を鷹に近づけ横からくっつける。この時に暗くても目印になるのが「むつびし」に括り付けていた白い布である。これから先にヤンモチがついていると確認できる。鷹の羽に付けると同時に、竿をひねり鷹の羽にむつびしを巻き付ける。巻き付けないと、鷹があばれてヤンモチから外れてしまうからである。

　サシバは嘴も爪も鋭いので、噛まれても挟まれても大変だった。特に、足の爪で挟まれると皮膚に食い込んで外すのが一苦労、血が出た。捕まえた鷹は、両羽を組んで解けないようにして、両足はしっぽ（尾翼）の羽で後ろからしっかりと括って、テゴに入れて持ち帰った。

サシバは食用にするというだけでなく、子供の遊び道具でもあった。足に、紐をつけて遊んでいた。精悍な姿のサシバは、とてもかっこよかった。

台風が来て、サシバが何日も渡れず、島に留まっていたときは、鷹拾いに行った。この時ばかりは、ずぶ濡れになって、飛べなくなった鷹を何羽も捕まえることができた。

島の人の話では、今は昔ほどサシバは渡ってこない。日本本土での雑木林の開発が進みサシバの住む環境が悪くなり、絶対数そのものが減少しているらしい。昔のように、島の空一杯に、サシバが飛び交う光景が懐かしい。

鷹さしは昔からやっていたと思うが、懐中電灯のない時代は、どうしていたのかが話題になったことがある。

第四章　耕作作物と食

一　耕作作物

豊作祈願・収穫祭である四季の大祭は、四月祭りが麦の祭り、八月祭りが粟《あわ》の祭り、霜月祭りがカライモ（甘藷、サツマイモ）の祭りである。麦・粟・カライモは島の主要作物であったことがわかる。七島の他の島々では、霜月祭りはサトイモ・タイモ（田芋）の祭りである。田んぼがある他島ではタイモが栽培される。田んぼの無い悪石島では、後に痩せ地でも育つカライモが主要作物となり、カライモの祭りになったと推測できる。

作物の耕作方法は焼畑と常畑である。自給農業の基本は多種少数栽培である。

早川孝太郎は『悪石島見聞記』[9]の中で、常畑の作物栽培の一例をデッサンしている（一九三六・六・四の日付あり）。一つの畑の中に、タカキビ、煙草、カライモ、カライモとサトイモ混作、タカキビとサトイモ混作、サトイモ、黍《きび》が植えられている。この内、カライモとサトイモ混作の区画が一番大きい。栽培作物としては、この他に甘蔗（サトウキビ）、粟、麦（大麦・小麦）、陸稲、馬鈴薯、小豆、玉蜀黍《とうもろこし》、大豆、大根、人参等を挙げている。

肥料については、大豆が多く栽培された頃はマメガラが肥料に使用されていたこと、マメガラの使用が絶えてから畑は著しく荒廃したと信じられていること、以前から使用されてきた肥料は木灰で、糞尿、堆肥等は極めて近世に、漸次利用されたものであること、島内を視察して第一に目に留まるのは休閑地が多いことだがそこは畑としての条件がかならずしも不良ではないこと、地味不良のために五、六年耕作の後は、少なくとも二、三年休閑しているのがその理由で、肥料に対する知識の低さが関係していると記している。

笹森儀助の『拾島状況録』には他に胡瓜、唐瓜、瓢箪瓜、葱、南瓜、牛蒡、生姜が記されている。

Kさん（男性、一九三一（昭和六）年生まれ）とMさん（女性、一九三四（昭和九）年生まれ）に、かつての耕作作物および食料に利用していた自生植物について聞いてみた。

作っていたのは餅粟、作粟（粘り気のない粟）、餅黍、作黍（粘り気のない黍）、タカキビ、小麦、裸麦（大麦）、陸稲、唐黍、カライモ、サトイモ、ジャガイモ、大根、人参、高菜、ニンニク、ニラ、センモト、ボウブラ（南瓜）、ヘチマ、キュウリ、瓢箪瓜、やせいもの茎（野菜芋の茎・ずいき）、ラッキョウ、大豆、小豆、エンドウ豆、マクワウリ、オウギ（サトウキビ）、茶。

自生植物はナリ（蘇鉄の実）、筍、ツワブキ、ノビル、葛、島ミカン、バナナ、ウンベ（ムベ）、野イチゴ、椨《たぶ》の実、桑の実、椎の実、イヌマキの実等を食べていた。熟れた椨の実は桶に入れて一晩水に浸けると酸っぱくなりおいしい。腹一杯食べた。採ったすぐに熱湯をかけると濃紫色になりすぐ食べられる。椨の木は悪石島の集落内ではほとんど見かけなくなり、食べる人もいなくなったが、宝島では現在も集落内に多く見かける。

カライモとサトイモの混作とは、常畑に麦を撒く。麦を撒いた畝と畝の間に、ヘラでサトイモを植え込んでいく。

麦を刈り取った後にサトイモに土寄せをし、サトイモとサトイモの間にカライモを植えていく。牛糞や豚糞を肥やしに使った。

サトイモは三つの方法で栽培された。常畑に植える。焼畑で粟を穫った後に植える。竹を伐採して竹の切り株の間に植える。竹の切り株の間に植える方法は、伐った竹を畝状に積み上げる。畝と畝の間の竹の切り株の間にサトイモを植え込んでいく。この方法で植えたサトイモは大きな芋がごろごろできた。それまで何も栽培されていないので土地が肥えていることと、落ちた笹が肥やしになったのだろうと話した。タイモは昔集落のあった東地区に田んぼ状の地があり、そこで栽培していたそうである。

Mさんによると、昔は芋のある家と壺がたくさんある家が分限者と言われていた。カライモや里芋が主食だったからである。壺は水の貯め置きができ、湿度の高い島で種物や穀物の保管に欠かせない。焼酎・酢・味噌等の保管にも重宝された。どの家にも大小様々な甕壺類があった。

昭和三十年代前半の頃だったろうか。古物商らしき人物が来島し、家を回って日常使いの食器類からめぼしい物を選び、自分が持ってきた新しい物と交換して行ったことがある。

悪石島で行われていた自給農業には、たぶん原始的な姿を見ることができるのであろう。大豆栽培は根粒菌が肥料の役割を果たしている。混作の方法は無駄がない。狭い畑を有効利用する他に、作物間での良い影響もあったのかもしれない。経験知としての栽培方法だったのだろう。

早川孝太郎は、かつては大豆等を相当量栽培していたがそれがカライモ栽培に変わったことを記している。おそらく主食となるカライモ栽培を選択したのだろうと推測する。

「なお以前は綿、藍（これは畑藍か山藍か不明）、大豆等を相当額栽培したもので、綿は自家用に、藍は藍玉として鹿児島方面に輸出し、大豆は味噌、醤油、豆腐等の原料として共に重要の作物であったが今は全く影を没した。そのうち大豆畑はほとんど甘藷畑に代ったもので、現在の甘藷の畦植は大豆畑の踏襲であるという」引用は早川（一九七六：二四六－二四七）。

二　食

（一）主食の芋と雑穀米

田んぼが無い悪石島では粳米《うるちまい》（粘り気のない白米用の米）は栽培されない。栽培される稲は陸稲の糯《もち》米だけなので、白米は島外からの購入になる。霜月祭りがカライモの祭りであることからも分かるように、貧しい時代の島の食を支えたのは痩せ地でも育つカライモである。カライモは芋焼酎の材料や主食となった。カライモはハンツと呼ばれていた。畑からテゴいっぱいに取ってきたカライモは大釜で茹でられ、特に昼食の主食として食されることが多かった。収穫したカライモは畑の土手に横穴を掘り保存された。保存されたカライモは甘くなり、ナエガライモ（萎え唐芋）と言って好まれた。細切れのカライモは豚の餌になった。

サトイモは煮しめ等にする他、カライモと一緒に茹でて主食にした。先祖正月の親霊《おやだま》祭りではサトイモの雑煮を供え、先祖に持たせる土産として苗を供える（宝島ではタイモ（田芋））。他島の霜月祭りがサトイモやタイモの祭りである事からも分かるように、カライモ以前の主食はサトイモであったのだろうと推測する。サトイモを正月の雑煮等に用いる地域は全国に見られる。古くから日本列島で栽培されていた主要作物であったことがわかる。

粟は焼畑で栽培された。焼畑をしなくなってからは常畑でも栽培された。収穫した餅粟は餅に、作粟は飯で食された。粟だけで炊く飯は、湯が沸騰してから粟を少しずつ入れて炊くのだそうだ。

粟飯の思い出を、島外在住のA・Mさん（一九四三（昭和十八）年生まれ）は次のように話した。「収穫した粟は天日干しにして磨り臼にかけ、搗き臼で搗いて精粟し、粟ご飯や粟餅にする。粟ご飯や粟餅は米に比して下級とされていたが、粟ご飯は子供心にも、甘くて、香ばしくて、今食べてもきっとおいしいご飯だと思う」

麦は主に大麦（地名）の畑で裸麦と小麦が栽培されていた。子供の頃、大麦の畑で麦踏みをした記憶がある。裸麦は香煎や味噌の材料に、小麦は蒸し餅や天ぷら、粥等の食材に用いられた。

黍は餅黍と作黍が栽培されていた。黍餅や黍飯で食された。タカキビは餅にした。

陸稲（糯米）は餅の他に、藁《わら》を注連縄等の神具に使うことから、欠かせない栽培種だった。陸稲の餅は赤米も混ざっていたので、真っ白な餅にはならなかった。

少し生活が楽になると、雑穀やカライモは米に混ぜて飯や粥に炊かれるようになる。粟を混ぜた粟ご飯、黍を混ぜた黍ご飯、カライモを混ぜたカライモご飯、押し麦を混ぜた麦ご飯。炊き上がりのカライモご飯は、上にカライモが、底に米がたまる。子供たちには、底の方の少し焦げ目のついた米の多いご飯がよそわれた。

粥は米にカライモと粟を混ぜた粥、小麦は丸麦を石臼で挽いて粉にするので、薄く色のついた粥になる。湯が沸騰してから少しずつ粉を入れて混ぜる。小麦粉を混ぜて炊いた粥は「ふっこん粥」と言った。

昭和四十年代に入ると主食は白米になる。かつての雑穀飯は、現在の日本では味わい深い贅沢なご飯、懐かしいご飯として賞味されているのではないだろうか。

（二）祭祀と餅・団子

餅や団子は祭祀に欠かせない。年間を通して作られる餅や団子を月別（旧暦）に挙げてみる。神様（神棚）に供える数は三または五、先祖様（仏棚《ほとけだな》）に供える数は二または四と決められている。

①正月

正月の餅は白餅だが家庭によっては粟餅のところもあった。黍餅も作られる。床の間の鏡餅は大きな丸餅、他は小さな丸餅。床の間に五つ重ね。神様（神棚）に五つ重ね、先祖様（仏棚）は四つ重ね、火の神様は一重ね、財布に一重ね、竈の両脇に一重ねを供えたそうである。

吸い物餅（雑煮餅）は五×五十cmくらいの長箱で型取る。餅搗きの最後に、搗き臼に餅を残し、その中に蒸したカライモを混ぜて搗いて、カライモ餅にする。鹿児島県の郷土食ネッタボである。

吸い物餅は二cm幅位に切る。正月二日間は三献で、膳には餅の吸い物、豆腐の吸い物、刺身の皿がのせられた。餅は十字におく。他に煮しめ（里芋・大根・昆布・揚げ豆腐・魚の干物）、煮豆等が作られる。

七日はなんかんせっく（七日節句）である。七草祝いの子供は晴着を着て、七軒の家を回り、餅と雑炊を貰う。

鏡餅は十一日に下げて、その餅で吸い物を作り神様に上げる。

初山のトシダマ祭りには正月の餅を焼いて持って行き、歳徳神の在る恵方に向かってちぎって投げ、一年の幸を祈る。

年末（二十九日）に、クイヤドン（火の神様）にオーバン大根十二本を竿に吊るす。十四日のオーバンにこの大根を下ろし、サトイモと魚の干物等で煮しめを作り、神様に供える。宝島では大根と魚の干物も一匹吊るす。宝島のZさん（一九三〇（昭和五）年生まれ）は、父親から「親が亡くなったとき、ガン箱を担ぐ棒を切りに山に行った。ところがそこに親が元気になったよという知らせがあった。その棒に大根と魚を吊るした」という謂れを聞いたそうである。

お講（山の神祭り）は正月・五月・九月にある。きん山の宮に粢《しとぎ》を供える。

②二月

二月祭り（作の祭り）に、小麦粉か糯米粉でオマイモン（お丸物、団子）を作る。神様にはオマイモンを五つのせた小皿を五つ供える。祭りの当日はお神酒とオマイモンを持って神社の祭りに行った。

③三月

三月節句。フツ（よもぎ）餅と白い丸餅、または三角に切った餅を神様に供える。餅は節句の弁当重にも入れる。弁当重に入れるナベヤキを焼く。ナベヤキは砂糖（黒砂糖かザラメか白砂糖）を溶かした液に餅米粉を混ぜて、薄く油をひいたフライパンで焼く。ヨモギを入れる家、小麦粉を混ぜる家、砂糖の配合等で堅さやもちもち感に違いがあり、家庭の味がある。ナベヤキは短冊状に切る（口絵写真vi参照）。

彼岸には神様と先祖様に餅を供える。

④四月

四月祭り（麦の祭り）。二月祭りに同じ。チキイを作る。チキイは煎った裸麦の団子餅で、「火の神祭り」の神饌でもある。煎った裸麦を石臼で挽いて粉にした物を香煎《こうせん》という。香煎に蒸したカライモと黒砂糖をこねて丸餅状に丸める。煎りたての裸麦を粉にした香煎は香ばしく、黒砂糖を混ぜておやつに食べた。

⑤五月

五月節句。神様にはオマイモンを上げる。自分達で食べるカッシャ餅を作る。カッシャ餅は小麦粉とカライモをこねてカッシャ（月桃の葉）に長方形に包んで蒸す。同様の餅は月桃が植生する薩摩半島南部や大隅半島南部、奄美大島等でも作られている。中味はアレンジがある。

お講（山の神祭り）には、きん山の宮に粢《しとぎ》を供える。

⑥七月

七夕。神様と先祖様に餅を供える。

十三日と十五日に盆の粽を作る。粽は月桃の葉に円錐型に包む長粽である。米、黍、粟の粽が作られた。粽が作られるのは旧盆のお供えと八月祭りの神饌のみである。盆の粽は十五cm位の長い粽であるが、八月祭りは小さく作る。盆の粽は束ねた先の葉を切り整えるが、八月祭りの粽はそのままの形状にする。

盆の粽はひとくびり（一括り、一束）四本または五本にする。粽は親戚のホトケサマにもお供えする。たくさん作っていた時代は、傷むのを防ぐために縁側の竿や紐に掛けていた。盆が終わり、お供えした粽を食べるときは、どこの家の粽かが話題になる。粉の配合により、粽の堅さやもちもち感が違う。

盆の十四日に迎えたホトケサマの膳の汁は団子汁である。

⑦八月

八月祭り（粟の祭り）。二月祭りに同じ。ソンジャで粟の粽を三百六十五本作り、神社に持って行く。粟を栽培しなくなってからは米の粽になる。四月祭り同様に「火の神祭り」のチキイを作る。

十五夜。餅搗き臼の上にサンバラ（竹の丸笊）を置き、その上にオウギ（サトウキビ）を三本、サトイモとカライモを入れた枡、重箱や枡に小餅を十二個から十五個入れてその上に月に見立てた大きな親餅をのせる。カワズススキを活ける。神様、先祖様、火の神様にも餅を供える。

⑧九月

重陽《ちょうよう》の節句。神様には白い丸餅を供える。

彼岸には神様と先祖様に餅を供える。

お講（山の神祭り）には金山の宮に粢《しとぎ》を供える。

⑨十一月

霜月祭り（カライモの祭り）。二月祭りに同じ。

⑩十二月

コマ正月（先祖正月の親霊祭り・七島正月）。仏棚から床の間に下ろした位牌の前に、丸餅を四つ入れた皿を四皿供える。

ヒチゲー（神々の祭り）にはカッシャ餅を作る。

（三）芋焼酎

一日のダイヤメ（ダレヤメ。「だれ」は疲れ）、仲間との一杯、祭り事や祝いの席等に欠かせないのが芋焼酎である。昭和三十年代までは、どこの家でも芋焼酎が造られていた。主な原料は蒸したカライモと米である。麹を作り、発酵させる。大釜にもろみを入れ、樽状の大きなコシキを据えて、下からどんどん火を焚き蒸留する。コシキに刺した竹棒の口から蒸留された焼酎が出てくるのを覚えている。米が多いと白っぽい液体の焼酎になり、美味だと聞いたことがある。出はなの焼酎は「華」といって度数が強い。終わりのシイダレ（尻垂れ）は熟成させて酢にした。

（四）オカベ（豆腐）

豆腐は昔からハレの食品として頻繁に作られていた。

一晩水につけた大豆を石臼でひく。木綿袋で漉した豆乳を大鍋で煮る。にがりは海水である。朝早く、きれいな海水を汲みに行く。沸騰した豆乳に柄杓で海水を流しながら混ぜると徐々に固まり、おぼろ豆腐になる。それを柄杓で豆腐箱に入れ押しをする。木綿豆腐のできあがりである。できたての熱々のおぼろ豆腐をよそって食べるのは美味であった。

（五）ナリ（蘇鉄の赤い実）の利用

ソテツの赤い実をナリという。早川孝太郎の「悪石島見聞記」に「なお一部分地境に蘇鉄を植えたものがあるが、これはごく近年の風で、もっぱら奄美大島の様式を模したものという」とある。蘇鉄栽培を目的とした畑や山はなく、一部の畑の境界を示す区域に植えられていた。

ナリは主に味噌の原料として重宝された。ソテツの実は、そのまま食べると有毒である。有毒のソテツの実を食料として利用するために、悪石島で行われていた下ごしらえと利用方法について、Yさん（一九三二（昭和七）年生まれ）ご夫婦に教えてもらった。

赤く熟れたナリを収穫し、横二つに割って天日干しにする。乾燥すると赤い殻と中の白い実が離れる。白い実を更に天日干しで乾燥させる。カラカラに乾燥した実は長期保存できる。

使うときは一晩水に浸けてアク抜きをする。アク抜きしたナリは臼で搗いて粉にし、ふるいにかける。ふるいに掛けた粉は味噌、粥、カッシャ（月桃の葉）餅に利用した。

①ナリ味噌

麦と米とナリの粉を混ぜて蒸し、麹にする。白い麹が吹いてきたら混ぜる。青麹や金麹が湧いてきたら良い麹。それを煮大豆と塩と混ぜて臼で搗き、丸めて壺に詰め込む。臼で搗かずにすぐ丸めて壺に詰めてもかまわない。

②ナリ粥

小《こ》切った（乱切り）カライモを鍋に入れ、カライモが煮えたらナリの粉を入れて混ぜる。塩や砂糖を入れて味付けする。

③ナリのカッシャ餅

割った餅米とカライモとナリの粉を混ぜてカッシャに包み蒸す。

(六) 魚の利用

魚の種類は豊富である。身近な魚は沖サワラ、鰹、シビ、鯛類、シイラ、コブシメイカ、伊勢海老等である。刺身や煮物の他に干物や燻製にし、余すところなく使用された。鰹は鰹節、煎《せん》じに、サワラや鰹の頭・内臓は塩辛に、中骨は燻製にした。干し飛魚やイオンコ（魚卵）は保存食として、年間を通して重宝された。

①塩辛

沖サワラの内臓、頭を小切りにして塩漬けにする。食べるときは塩抜きし、酢でしめる。鰹漁が盛んだった頃は、鰹の塩辛を作っていたが、現在は全く作られない。塩辛は、カライモの菜として重宝された。沖サワラの塩辛は、酒の肴として現在でも珍味である。

②サワラの腹身の味噌漬け

塩漬けした腹身を軽く乾燥させてから味噌に漬ける。贅沢感のある珍味である。

③お茶うけ味噌

削り鰹節や炙り魚の身等を味噌に混ぜる。

小宝島のIさん（一九二七（昭和二）年生まれ）が話してくれた、ハタンポの魚の話を記しておく。

中之島ではあまりにもおいしいので食べない。親が危篤だと呼びに来たが、あまりにもおいしいので、これを食べてからと言って、食べてから行ったらもう死んでいた。親の死に目に会えなかった。だから、食べない。毒の魚と言われるようになった。小宝島ではテゴいっぱいになるぐらい、百匹ぐらい釣れていた。

(七) 鶏、豚

魚や大豆以外の蛋白源は鶏・鶏卵・豚肉である。鶏は放し飼いで、庭鳥であった。庭先で餌をつついていた。豚は屋敷内や屋敷近くの豚小屋で飼育されていた。豚は正月前に潰されることが多かった。情報は集落内に伝わり販売される。集まってきた子供たちには細く縦切りにした豚耳が配られた。塩を振って焼いて食べる。

鶏肉は雑煮に入れるが、豚肉はお節や雑煮の具には使わない。

（八）その他

①天ぷら

小麦粉に千切りにしたカライモや人参、ニラ、砂糖を混ぜて揚げる。鹿児島ではガネという。祝い事の皿の盛り合わせの一品であった。

②膨れ菓子

膨れ菓子は鹿児島県の郷土食でもある。黒砂糖と小麦粉と重曹を混ぜた蒸しパンである。蒸し器に月桃の葉を敷いて蒸す。

③がじゃ豆

大豆を煎って黒砂糖と混ぜる。時間が経つと大豆が堅くなるので、食べる直前に作る。宝島や奄美大島、種子島では落花生を栽培しているので落花生を使う。

自給自足の時代は、食材は島で採れるもので賄われる。塩は東の浜や安浦港の浜で海水を炊いて作られていた。サトウキビを栽培し黒砂糖も作られていた。サトウキビはコマ正月（先祖正月の親霊祭り・七島正月）に、先祖に持たせる土産物でもある。

黒砂糖が近年まで作られていたのは宝島である。個人所有の製糖工場がある。Mさん（一九四〇（昭和十五）年生まれ）の砂糖小屋を見せてもらった。発電機、圧搾機、釜がある。昔は牛や馬を使って圧搾機を回していた。搾った汁を二時間半煮詰めて、珊瑚を叩いて作った石灰を入れて固める。三十kg炊いて、湯飲み一杯の石灰を入れる。搾りかすは堆肥にした。黒砂糖を炊いた後の釜に水を入れて一晩置き、上にできた膜を取り除いて瓶に入れて、二、三年置くと酢ができたそうである。黒砂糖は宝島の名産品として知られていた。

タカキビは早くに栽培されなくなり消えている。粟・黍・麦が作られなくなると、粟餅や粟飯、黍飯や黍餅、香煎が消えた。一九六〇年代半ば頃から大島紬織りが導入されると、女性は紬織りに従事するようになる。紬織りは現金収入をもたらし、やがて手間の掛かる味噌や豆腐も作られなくなる。

現代の食生活は都会も田舎も変わりはない。食材は島外から購入される。伝統食として現在も作られているのは餅や粽、ナベヤキ、膨れ菓子、沖サワラの塩辛、サワラの干物や腹身の味噌漬け、筍の塩漬けである。冷凍保存により、年間を通して食される。島キュウリ、大根、サトイモやカライモ等は自家用に栽培している人もいる（口絵写真vi、vii参照）。

第五章　小中学校と上原伊世吉先生

一九六〇（昭和三十五）年に宝島小中学校分校から、本校に格上げされる。初代校長は上原伊世吉先生である。校歌の作詞者でもある。当時の島の生活状況はまだ貧しい時代である。上原先生は大きな愛情で子供達や島民に関わり、神様のように尊敬され慕われた先生であった。

上原先生在任中の三年間は最も児童生徒数が多く、各学年三名から六名、小中学校合わせて五十名前後が在籍していた。その後、人口減少とともに児童生徒数も減少していく。へき地の学校は基本的に複式学級である。一つの教室に二学年または三学年が机を並べる。教師が他学年を教える間は、別の学年は自習になる。

教室は教員の歓迎会等の宴会場にもなった。その際は二つの教室の壁を取り払い、机や椅子を片付けて床座りの会場になる。

運動会は島民全員が参加する。学芸会は保護者以外の島民も見学に来る。入学式、卒業式も同様である。遠足は全校生徒で東の浜や安浦港の宮尻浜まで歩いて行った。

中学校を卒業すると子供たちは島を離れる。中卒者が金の卵として都会に就職する、高度成長時代までを経験した親は、十分なことをできずに送り出し、仕送りもできなかった哀しみと痛みをずっと心にとめていた。

一九八九（平成元）年、八十一歳になる上原先生を卒業生が島にお連れする。先生の再訪は二十六年ぶりである。再会を喜び合う感動的なビデオ映像が残されている。歓迎会では誰もが晴れやかな嬉しそうな表情で先生と会話を交わし、次から次にお酌に来る。先生の傍に陣取り離れたがらない人、当時さながらに歌や踊りで歓迎する風景。ビデオの中の人達の多くは、上原先生同様に今は亡き人達である。

後日、先生から御礼のご挨拶文が届く。挨拶文の一部と短歌を紹介する。

「待望の安浦港、十島丸は大防波堤に、ぴったりと横着けになりました」「二十七年前、平島で研究会があった時、時の村長池山村長と、同じかやの中で三晩語り明かしたことが思い出されました。十島村のこの発展振りを草葉の陰からきっと喜んで下さることでしょう。各家庭に電話があり、冷蔵庫、洗濯機、台所には電気釜、料理用品、風呂場、トイレ、何もかも近代化されて二十六年前のおもかげは見る事ができません」

「過ぎし日の若き人らのたくましく背負ひて島は素晴らしきかな」

「神の島仏の島か悪石の島の心は潤ひ満ちて」

「悪石島東支那海の真中に近代文化の輝き渡る」

上原伊世吉先生と同船で来島した秋吉茂記者の、「美女とネズミと神々の島」[10]のルポルタージュが朝日新聞に掲載されると、学校に衣類や文房具や果物などの救援物資が届く。送られてきた衣類は教員が仕分け、くじ引きで配付された。送られてきた果物は記事の中で子供達が食べたいと話したリンゴ、カキ、そしてミカンである。果物は正月の祝賀会の際に教室で配られた。数年続いたと思う。善意の恩恵である。

この本は事実がそのまま書かれているわけではない。物語風に脚色されていることを残念に思う。全てが実在した事象だと誤解して読んでいる人もいるようなので、いくつか指摘しておきたい。例えば洗骨の風習が書かれているが悪石島に洗骨の習俗はない。洗骨の記事を読んだ李家正文博士から洗骨の解説とともに、「悪石島に洗骨の風習がのこっているということは初めてききました」という感想が寄せられたことも書かれている。

「洗骨は、敬神崇祖のこの島にのこる代表的な儀式である。死者は土葬にするが、いわばこれは仮埋葬だ。三年目に有賦人たちが土中から遺体をとりだす。洗骨ガメのなかのホトケサマは、もうとっくに白骨化している。それを清水できよめたうえで祭壇に横たえる。三年間の喪中に、遺族がとくに故人の極楽行のために用意した晴着を、ガイコツに着せ、顔の部分は山蚕のマユでおおう。その前に遺族や島民があつまって通夜をして冥福を祈り、生前の思い出話にかなしみの涙も新たに、こんどこそほんとに、永遠に葬るのである」引用は秋吉（一九六四：一五八－一五九）。

なかなか幻想的な記述である。どこに祭壇を作り通夜をしたと想像したのだろうか。島の墓地は個人墓の土葬で、埋葬する棺桶は木製の樽である。洗骨ガメなど存在しない。島の引き揚げ者が鹿児島市内に墓を購入後、墓の移転と墓仕舞いに来たとき以外、行政による墓地の整理事業が行われるまで、墓を掘り返す等ということは恐れることであった。

「赤い船」の話はチフスが流行し、島が全滅することを恐れて島の長に負わされた宿命的な指揮権の発動、つまり人柱的意味で治る見込みのない老人に赤い着物を着せ、船に乗せて流すというものである。

「大正末期のある夏、島にチブスが発生した。そして、秋風が見舞うころにはもう島全体にまんえんした。毎日なんにんかが死ぬ。ネンシババはけんめいに祈り、ヘソババは知るかぎりの療法を施したが、効き目はみえなかった。どの家も、最後のトヤマの入れ薬を開けた。（中略）夜になると、ネンシババのゴマ行の炎が、空を赤く焦《こ》がした。もう死者の棺をかつぐものもいなくなった。住む人がいなくなった家は表戸をクギづけにしたまま、不気味な沈黙をただよわせていた。このままでは島は亡びる」引用は秋吉（一九六四：一九八）。

話は続く。総代は井守家の息子を呼んで、父親を船で流すことを告げる。嫁は泣く泣く死出の晴着、赤い着物を縫う。父親はその時がきたことを知る。幽鬼のような痩せた身体を起こし、嫁をねぎらう。赤い着物を着た父親を乗せた船は海に流される――。この話は矛盾が多い。大正末期に人口減少は起きていない。またネーシババがゴマ行をすることはない。「ゴマ行の炎が、空を赤く焦がした」はいかにも神々しく幻想的であるが、ゴマ行の火が焚かれたことはない。そもそも誰もができることではないだろう。明治・大正生まれの方を中心に、民俗医療の聞き取り調査をした筆者には、違和感しかない。

早川孝太郎は「悪石島見聞記」の中で、赤痢流行について次のように記している。

「大正三年頃、島に赤痢が流行して村の人が一時に十人余り死んだ。はじめはおそろしかったが後にはもうどうにでもなれと度胸も定まって怖くはなかったという。この病気を持ち込んだのは大島から竹切りに来た者の息子であったが、それは完治した。そこで島人は、その竹切り某を唯一の経験者として相談した。そこでよい薬があるとて何やら耳掻きに一ぱいくらいずつ五〇銭、一円で売った。しかし一向に効顕がない。よくよく調べるとその薬というのはカタクリに白砂糖を混ぜたもので、呑むと病気がいっそう悪くなるとさえ言われた。今度は島人が立腹して殺してしまうと騒ぎ出したのに、ついに大島に逃げ帰ったという」引用は早川（一九七六：二七七）。

こちらの対処行動は自然で信憑性がある。悪石島では昭和三十三（一九五八）年に百日咳が大流行し、医師を乗せて巡視船が来ている。赤い船のチフスの話は、大正三年の赤痢流行と昭和三十三年の百日咳流行からヒントを得た創作の可能性が高い。

井守をはじめ、実在名ではない個人の人生話はほぼ創作である。美女志乃は実在の某女性をモデルに書いているのではないかという噂を聞いた。偽薬屋に売られた娘などの話も存在しないという。

この本のタイトルの影響だろうか。悪石島は神々の島と紹介されることが多いが、かつての七島の島々はどの島も同様に神々と祭りの多い島だった。違いは盆に登場する来訪神「ボゼ」の存在と、他島が早い時期から、祭祀の簡略化や廃止、聖地の整理を進めてきたのに対して、悪石島ではそれを最少に抑えながら近年まで引き継いできたことである。なおフィールドワークの経験からは、七島に限らず、古い集落や町には屋敷内や地域内に様々な神々が鎮座し祭られていることは珍しいことではない。

第六章　米軍政下の七島灘海域で起きた事件

はじめに

「中国ジャンク船寄港」、「十島村（七島）航路の歴史から―消えようとしている村営『山吉丸《やまよしまる》』の顛末―」は、山吉丸の乗組員だった肥後文雄さん（一九二九（昭和四）年生まれ、二〇二〇（令和二）年没）が、島の歴史を伝えておきたいと書かれた手記である。「中国ジャンク船寄港」の手記には、赤字で「㊙考慮されたし」と記されていた。どちらも第二次世界大戦終戦後の米軍統治下の七島灘海域で起きた、貴重な戦後史記録である。

沈船作業は戦時中に悪石島沖で魚雷攻撃を受けて浸水沈没した、徴用船『富津丸《とみつまる》』の鉄屑回収が行われた事を綴った、有川誠さん（一九四三（昭和十八）年生まれ）の手記である。

一 「中国ジャンク船寄港」

私の推測、事実は分からない。太平洋戦争終結後、一九四五（昭和二十）年から一九四六（昭和二十一）年頃かと思う。中国共産党毛沢東に追われた蒋介石国民党が台湾に逃れる途中に漂い寄港と推測される。隻数は五隻と記憶している。当日はよく凪ぎている天候だった為に、沖に帆船影は早くから視認できたが、島に寄るのに大変苦労している様子だった。

初めて見る光景を港の船倉（地名）まで村《ムラ》（集落）から走って見に行く。寄港原因については食料、水の補給かと思ったが、そのような事をした事は記憶にはない。

数人が上陸してきた。軍服は着用していないが、ピストルは腰に携行していた。四十歳半ばの幹部だったと推察された。浜小屋の軒先に通信用の線を張り始めた。停泊中の船との連絡用か、同海域を航行中の船との情報収集か、毛沢東の追跡を察知するためかなと推測される。無言で通信線を張っていた。

その後、ジャンク船の了解を得て、数人ずつ二、三隻の船に乗船する事ができた。私は区長さんと同じ船に乗ることができた。私は初めて見るジャンク船の構造等を観察するのに興味があった。区長さんが甲板から梯子を降りて行った。中国の文化、風俗を直に覗いていた。区長さんが船の人と漢字を書いて筆談しているところを興味深く覗いていた。暫くしてお互いに理解し合えた様に感じ取れたが、区長さんは私達には説明はされませんでした。当時の危機迫る事態ですから、機密漏洩をおそれての判断だったのかな。

一番印象に残ったのは女性の足が子供の足の様に小さい事でした。昔話に聞いた記憶がすぐ浮かんできた。

足を小さくする理由は、嫁さんに行った時に走って逃げられない様に小さくしているのだという事に他ならない。その習俗を直に見ることが出来た。今でも其の女性の姿が鮮明に記憶に残っている。

当時、米軍に接収されていた村営船金十丸《かなとまる》[11]が不定期ながら就航していた。ジャンク船は金十丸に曳航されて島を去った。通信士も金十丸には乗船していたので、軍政府に事情の連絡も可能だったと思う。その後、一切何もジャンク船に関する情報は無い。文献にも載っていない。極秘に遭難船の救助として取り扱われたものと推測される。

遭難船の救助は世界中共通の義務である。無事に台湾にたどり着けたのかもわからない。島の歴史の一ページとして、何か秘密裏に書き残して下されば尚よかったかなと思いますが、当時の時代がそれを許さなかったので秘密を守り抜いたのでしょう。

こう考えると戦争には正義があるのか。戦争は勝っても負けても同じように思われる。これからの時代の警鐘にならないかな。地球は丸いのだから、その地球に住まわしてもらっている人間も皆丸くなってほしいものだ。

二〇二〇（令和二）年十一月一〇日記

二　「十島村（七島）航路の歴史から―消えようとしている村営『山吉丸』の顛末―」

一九四六（昭和二十一）年二月、北緯三〇度以南は、太平洋戦争敗戦により米軍の統治下になる。米軍に接収された『金十丸』は民営会社の委託運航となった。この金十丸に取締官が乗り組んで、密航船を見付け次第、追跡して捕まえる。罰金支払い不納の船は没収した。『山吉丸』も金十丸に捕まった没収船である。中古の鰹釣漁船『山吉丸』を七島が払い下げて七島航路に当てる。記憶が定かではないが、一九四七（昭和二十二）年初め頃から就航していたと思う。

初代船長は、経験を生かして漁業用の各隔壁を撤去して貨物船に大改装を行った。重量物の積み降ろし用に手動の揚貨機を設置し、船尾には伝馬船を吊り下げた。これは救命、連絡、例えば島の表港が時化《しけ》でハシケが出せない場合、島裏へ回り、乗客の乗り降りに利用した。（私の祖父は山吉丸の改造を見に行っている）

初航海時には浸水が激しく、島の若者が乗り組んで昼夜を問わず排水作業を続けながらの航海であった。その後、修理を加えながら徐々に乗組員での排水作業での航海が可能になった。誰かが泥船と言っていたが、今考えると本当に泥船であったと思う。

乗組員は十名以下で、機関長は奄美の人、甲板員には徳之島の人もいた。幾人かの乗組員が乗船・下船と入れ替わる船であった。私は一九四八（昭和二十三）年一月に乗組員となる。最初は見習いとして半年間、飯炊き、排水作業、操舵の練習を経て甲板員となる。

乗客、乗組員にとって、過酷極まる船であったと脳裏に当時の事が浮かんでくる。客室は無く、乗客が乗組員の部屋に寝る事もある。乗客が多い時には甲板上にシートを被り風波を凌ぎながらの航海が続くときもある。乗客が多くなり、乗組員も乗客と交ざって仮眠をとることも当たり前のことであった。また、出港時には乗客に揚錨の加勢を頼む事もしばしばで、皆さん心よく手伝ってくれました。本当に有難かったです。感謝しています。

当時は本土から近い口之島が密輸基地として賑わっていた頃である。一九四八（昭和二十三）年、口之島から野生牛を積んで沖縄糸満港まで直航した事や、徳之島から黒砂糖を積み、口之島へ直航したこともある。それ故、なぜ寄港しなかったのかと島民からお叱りを受けた事も記憶しております。島民にすれば、怒る事も当然でしょう。申し訳ないことでした。

往航には救護物資等を積んで各島へ降ろす。復航には当然のことながら口之島から密輸品（本土の商人が持ち込んだ素麺・うどん等の食料品、石鹸・チリ紙等の日用品、木材等）を積んで名瀬港で降ろす。毎航海繰り返し行われていた。その収入は村の貴重な財源となった。島から積み込む産物はあまり無かったが、悪石島や諏訪之瀬島から飛魚の干物を、小宝島からホタの干物やヤコウガイ（殻のみ）、エラブウナギの干物を積んだ記憶がある。

時を経て一九五一（昭和二十六）年四月、口之島から密輸品を満載して、名瀬港で他船も同時に捕まる事態となった。その後、ヤミ船としての汚名を背負っている。

口之島には駐在所があったが臨検を受けた事も皆無、名瀬港においても何らお咎めも、私が乗船して以来三年半もの間全く無し、密輸品の積み降ろしも堂々と続けていた。山吉丸の運行経営も輸送賃料で成り立っていたと思う。就航以来、捕まった事の無い船が、何故捕まったのか、今も謎に思える。山吉丸と他船も、乗組員全員が未決囚となる。約一カ月間、厳しい規律と監視下で過ごすことになる。

当初は、若し有罪になった場合、半年間の重労働が待っているという噂も聞かされていた。家族に申し訳ない、戸籍が汚されると後悔する者も現れたりして、気苦労が続いていた。面会者も無く、口数も少なくなりつつあった。同房にはヤミ商売人も居て、彼は平然としている。そのせいもあって、気を紛らわして笑い話も飛び出して、みんなが和んでいった様な記憶がある。房内の事を書いたらきりがない。これくらいで止める。

食事については麦飯を食することなく、十島村役場名瀬出張所の計らいで毎食差し入れがあり、大満足でした。特に記憶に残っているのは、高級魚チビキのアラ炊きの味噌汁が美味で、みんなが喜んで食べお代わりするくらいでした。本当に有難うございました。

約一カ月後、裁判があり、時の軍政官ジョン・F・シーハン中尉の判決で、両船の乗組員無罪となり、自由の身となる。それでもヤミ船としての汚名は被ったままであるが、七島の利便と戦後の奄美復興に多少寄与出来たという自負は今も持っている。

当の山吉丸は岸壁に繋いだまま無人船故に、船首を水面に出して沈んでいた。寂しい気持ちで眺めていたが、これだけ苦労した船だけど不思議に涙することはなかった。

私は初代、二代、三代の船長の下で頑張り続けてきました。初代船長は小宝島出身の岩下乙彦さん、二代船長は奄美大島龍郷出身の田端秀義さん、三代船長は悪石島出身の鎌田生之助さんでした。この様な船の船長として、命を賭して生命財産を預かり、責任を全うされた御三方の心中は、私共の想像も及ばないような気苦労があったことでしょう。いろいろとご指導を頂き有難うございました。心より感謝とご冥福をお祈り申し上げます。

ヤミ船として一蹴される事は残念に思いますが時代です。過去の事です。当時の乗組員で故人になられた方々、大変ご苦労様でした。いろいろとお世話になり本当に有難うございました。村にとっては不名誉な事かも知れませんが、この様な時代であった事実を受けとめさせて下さい。以上です。

〈参考までに〉

太平洋戦争終結後の島を通う船は、十島丸も運航され、復員兵も十島丸で帰って来た（一九四六（昭和二十一）年二月まで）。北緯三〇度線以南は、米軍の統治下以降は米軍に接収された金十丸（民営会社委託運航）と米軍のＯＬ10号でした。何れも不定期でした。米軍のＯＬ10号は船足の遅い船で、中之島で時化にあい難破した。その後、一九四八（昭和二十三）年からは山吉丸（村営）のみが通う事になる。名瀬に出張所を置いて、口之島まで各島を回る事になった。救援物資の輸送に当たっていた。

救援物資の主なる物は食料が殆どで、米（シャム米）、缶詰としてはベーコン、アイスクリームミックスパウダー、小麦粉、アスパラガスの水煮、脱脂粉乳。量は少なかったけれど七面鳥の缶詰等々、無償で、各戸の人数割で配給された。当時の食糧難時代を体験した者として感慨深いものがある。当時を語れる方々もだんだん少なくなり、寂しい思いです。戦後の島の生活がいろいろ浮かんできます。今では想像もつかない、島で育った人達の苦労を忘れないでください。

私は、一九五一（昭和二十六）年七月から奄美商船「金十丸」甲板員として乗船し、七島へも三航海くらいした記憶があります。金十丸は名瀬港にて給水中に天候急変により、左舷側に損傷を受けて航海が危険となり、名瀬港から龍郷湾へと移動して沖泊中に、金十丸奪還（一九五二（昭和二十七）年七月一日）[12]の一員として翌日夕刻に鹿児島へ寄港した。

出迎えの役場職員の喜びを肌で感じた事も記憶にあります。乗組員十一名は当然の事をしただけなのに、新聞に載り、また奄美商船側から逮捕の要請があった事も後日知りました。いろいろな時代を生きて来たなと思う。

二〇一四（平成二十六）年十一月五日記

三　沈船作業

太平洋戦争中に悪石島南東近海を航行中だった徴用船（戦役に出された、戦艦として改造された商船）『富津丸《とみつまる》』が、船尾に敵の魚雷攻撃を受け浸水、島の安浦港に曳航され、宮尻浜のすぐ近くまで運んだそうですが、当時の島の総代（現在の自治会長）が敵機の襲来を避けて、少し沖合に出してから沈めたそうです。

当初は船のマットが海から出ていたようですので、それくらいの水深の所です。それから後、小生の記憶では、水中の船体のブリッジの部分がハナタ峠から見えました。

昭和三十年前後の頃だったか、その頃から鉄の需要も、相場も良かったのか、古鉄の回収が数年行われました。『富津丸』も業者が海底の船体をダイナマイトで爆破切断し、潜水夫（潜水士）が船鉄回収に携わりましたので、島の男達も潜水夫のエアー管理（ポンプ押し作業）にかり出されたのです。毎日、後方に大きな櫓のクレーン船が来ていました。このような沈船作業が数年続きました。

余談ですが、湯泊の陸亀がいた沼地があった所、ずっと昔は海から入江になっていて、日露戦争のときに戦艦が沈んだという話を昔の人によく聞いたものでした。

第二部　歴史の垣間見

七島は、種子島・屋久島と奄美大島間に南北百六十㎞にわたって帯状に連なる。北から口之島・中之島・臥蛇島・平島・諏訪之瀬島・悪石島・小宝島・宝島である。八島を七島と称するのは、小宝島が宝島の属島と見なされていたためである。この海域は古くから七島灘として知られる海の難所である。南北に連なる島々は北と南の海域を結ぶ海上交通の道標ともなってきた。人の往来の通過点に位置するという地理的特徴は、この地域に住む人々の生活や歴史や文化にも様々な影響を及ぼしてきた。

七島の歴史には、七島海域を良く知る七島の海民七島衆が、薩摩と琉球間を自由に行き来する交易集団として活躍していたこと[13]、薩摩藩が七島衆銀子持衆から借銀しようした史料の存在等を通して唐との交易があったこと[14]、豊臣秀吉の朝鮮侵略の際には仕立船を以て島津氏に奉公し、薩摩藩の琉球侵攻の際には水先案内を務めたこと[15]等が指摘されている。

七島は小離島群であり、各島とも良港には恵まれていない。一番小さい小宝島の面積が〇・九八㎢、一番大きな中之島でも三四・四二㎢である。交易活動に耐え得る船をどのように入手したのか、八つの島の島民がどのように船団を編成したのか等、七島衆の実態は明らかにされていない。海民七島衆の姿は謎が多い。

旧正月の一月前に行われる七島正月（親霊《おやだま》祭り）の由来伝承、および悪石島A家の神棚に保管されていた護摩札等を通して、歴史や文化的影響の痕跡を垣間見てみたい。

第七章　七島正月（親霊《おやだま》祭り）先祖船航行の語りと七島衆船団編成

一　はじめに

七島正月は旧正月の一月前に行われる先祖正月である。祭祀の主役は「オヤダマ（親霊）」、すなわちご先祖様である。旧正月の一月前に正月がある理由について、七島衆が琉球出兵の水先人として出兵したことにちなみ、出兵する七島衆のために一月早めて正月をしたと伝わる。しかし、祭祀の主役は各島とも先祖を意味する「オヤダマ（親霊）」であり、琉球侵攻に出兵した先祖のみを対象にしているわけではない。

親霊は旧暦十二月六日の夜、先祖船で出立する。南の宝島から各島に寄りながら口之島で集結し、翌七日の夜に口之島の親霊と合流して甑島に向かって立つと伝わる。琉球出兵の薩摩藩軍勢の集結地は薩摩半島南端の山川港である。親霊を乗せた先祖船が向かう甑島と方向的に同じである。南北百三十㎞に連なる八つの島の七島衆が、どのように船団を編成し山川港に集結したのか、その姿を先祖船航行の語りに見ることはできないか、島々で語られる伝承を再構成してみる。

二　七島衆の輪郭

では、七島衆とはどのような人々であったのだろうか、七島衆船団は何名で構成され、何隻の船で編成されていたのだろうか。「琉球入ノ記」[16]、「琉球軍記」[17]には七島衆を「七嶋と申ハ、弐拾四人棟梁有之」「七嶋頭立之者兵弐拾四人」等と記す。また、「七嶋之諸船頭五枚帆」「七嶋之頭立之者共大将として、七艘之船ニ七嶋中之人數計被召乗」等がある。

これらの表現から分かるのは、七島衆二十四人は操舵技術と海の知識に秀でたリーダー格の人達だということである。二十四人の内訳が各島何人で構成されていたのか、二十四人の他に水夫もいたのか等は分からない。おそらく、宝島については七島の中心となる親島であり、最も人口が多く、小宝島を属島とすることから、人数割り当ては多かったと考える。

また琉球出兵にかかわらず、七島衆として動く際には七島がそれぞれの船を持ち、七隻の船で行動したのか、あるいは隻数の変動や同乗があったのか、八つの島がどのように船団を編制したのか等は明らかではない。

七島船の規模に関する参考史料として、『いちき串木野市郷土史料集3「古文書編」』の「吉利家文書」がある。文政十三（一八三〇）年の「諸船出入控」に、「三月二日 三枚帆壱艘 舟頭七島平島 日高源蔵」とある。[18]この一文について、所崎平先生は次のように述べる。

百艘ほどの中での一つですが、相当な金持ちです。三枚帆というのは、帆柱が三本あって、帆が三枚ある船で、是なら大坂まで行けます。二枚帆が一番多いのですが、これは島が見える範囲しか行けません。一つしか記録はありませんが、実際は他にもあったのでは、と想像できます。

早川孝太郎の「悪石島見聞記」に年貢船の記録がある。

「徳川時代には島津藩の中ノ島番所に属し、横目役、郡司各一の駐在があった。これに配するに村方管理の年貢船（御用船ともいう十反帆）と別に御番船《ごばんせん》（六反帆）各一艘があった。年貢船は一年一回旧暦五月の南風《ハエ》を利用して貢物の鰹節、センジ、真綿を積んで出発、いったん山川港に入って、手形の交付を受ける。かくして鹿児島に上り貢物を納め、養生米その他の物資を仕入れ、秋冬の頃、北東風《キタコチ》をまって帰島した。一方御番船は、これとは逆に島の産物を積んで奄美大島の名瀬《なせ》、笠利《かさり》に航行、物資の交易を行ったという」引用は早川（一九七六：二三七）。

また、稲垣尚友の『種子島遭難記　坂元新熊談』に、「部落所有の帆船（イサバ、年貢船）福ちゅう丸。九反帆」とある[19]。

七島衆が活動する海域は海の難所である。七島衆は二十四人のリーダー格の人で構成され、五枚帆、三枚帆規模の船を操舵することができた。徳川時代の悪石島の年貢船は十反帆、御番船は六反帆、明治三十四年まで使用していた帆船（イサバ、年貢船）は九反帆で五人の乗組員で航海していた。遭難した帆船（イサバ、年貢船）には、男女子供総勢二十八名が乗船していたという。帆船は二日二晩漂流した後、種子島北部海岸に乗り上げ、全員が救助された。悪石島の港には砂浜は無く、波打ち際から陸の際まで丸石が転がる。年貢船の艫を置いた場所は丸石の浜から三、四十m離れた傾斜地の陸である。船を引き上げるのには難儀をする条件である。七島の人々は良港に恵まれずとも、それを使いこなす技術と工夫に長けていた。

史料から浮かび上がる七島衆は優れた航海術・操舵術を持ち、荒海を恐れず向かう強靭さや勇敢さを持つ人々であったといえる。

三　七島正月（親霊祭り）の日程と概略

七島正月の詳細は前書に書いている。ここでは祭祀の日程と概略について第二次世界大戦前後頃まで行われていた、悪石島の親霊祭りを中心に紹介する。日程は旧暦である。

十一月十四日、家の煤を払い、後壁にユズリハを挿す。この日からホトケの日に入るため、清めに使うシュエー（潮）が取れなくなる。

十一月二十八日、床の間に新調したオヤダマムシロ（親霊筵）を敷き、仏棚の位牌を降ろす。夕方、茶湯《ちゃとう》（お茶）を供え、灯《あかし》をし、親霊を迎える準備をする。

十一月二十九日、朝、位牌の前に棚を設え丸餅・果物・菓子、飯・汁・漬物の膳を供える。座の端にホウケシュジョウ（外精霊、無縁仏）の膳も供える。縁側に葉付きの大根とサトイモを、根を外に葉を内に向けて置く。[20] 男衆は夜、総代（現在の自治会長）宅に集まり、島の祝い歌である「年の始めに」や「マツバンタ」を歌う。この夜を先祖様の年の晩という。

　十二月一日、先祖様の元旦である。雑煮の中味は里芋二、三切れで、家によって汁のある里芋雑煮と汁無し里芋雑煮がある。男衆は昨夜同様、総代宅に集まり、お神酒を酌み交わし、祝い歌を歌う。

　十二月二日、供えの膳は、飯・味噌汁・漬物に戻る。子供の初年祝い、元服祝い（男児九歳）、鉄漿《かねっ》付け祝い（女子十四歳のお歯黒）をする。

　十二月五日、先祖船が船出するカザンシタ海岸に向かう道の藪を払い整える。

　十二月六日、親霊のお立ちの日である。料理や供え物を盛大にする。膳には飯を二つ、素麺、煮しめ、白和えをのせる。飯を二つ供えるのは、一つはかゆい（からう）ご飯と言って、背負っていく飯だという。縁側には土産物（ミカン、煮カライモ、生カライモ、カッシャ餅、お重等）を詰めたシタミテゴ[21]を四つ置く。その上にサトウキビを四本置く。大根、サトイモは迎えの時とは反対に根を内に葉を外に向ける。戸主は昼の内に各家を訪問し線香を上げて回る。

　親霊のお立ちの知らせは、午後六時から七時の間にネーシ（内侍・巫女）を通して知らされる。ホンネーシ（本内侍・巫女）は囲炉裏や火鉢の側で親霊からの知らせを待つ。ホンネーシの家には、総代の使いのガチ（使い走りの若者）が待機する。総代の家では各家の代表者（男性）が持ち寄った大豆を煎って分配する。

　お立ちの知らせを受けると、ガチは総代に報告した後、「オヤダマのお立ちー」と大きな声で叫《おら》び、皆に知らせる。各家では線香と茶湯（お茶）をあげ、親霊との別れの準備をする。

　総代の家に集まっている人達は皆で総代家の先祖を立たせる。次にトンチ[22]屋号の家、シモドンチ屋号の家の先祖を立てる。これをトコロ（集落共同・公共を意味）で立てるという。

トコロの先祖立て後、それぞれ家に戻り先祖立てをする。最後に、シタンエ屋号の家が先祖立てをする。シタンエは昔、大船の船頭をしていたという伝承がある。船頭を先に立て、乗り遅れる親霊がいるといけないからだという。先祖立てを終えたら先祖様にあげた膳を皆で頂く。

この夜、先祖船は南の宝島から出立し、各島に寄りながら口之島の赤瀬に集結し、七日の夜に口之島の親霊と合流して、甑島に向かって立つと伝わる。

十二月七日、朝、床の間の位牌を仏棚に戻す。戸主はシュエー（潮）で家の中、屋敷の順に清める。これで親霊祭りは終わる。

〈先祖立ての儀礼〉

床の間側と入口側（又は障子を挟んで縁側）に二人が向かい合って立ち、問答をする。床の間側の者がランプを持ち、入口側の者は煎り豆を持っている。床の間側の者が「わや（おまえは）ない（何を）噛むか」と言うと、入口側の者が「おや（俺は）のむじ（野虫？）噛む」と返して、位牌に向かって豆を撒く。これを二回繰り返し、三回目に入口側の者が「のむじ噛んで噛み殺す」と言い、手に持っている豆を口に頬張り、むしゃむしゃ食べる。そして、大きな声で「鬼は外、福は内」と言いながら、座敷中に豆を撒く。旅に出ている者がいるときは「福は内」だけを言う。

最後に「トンビンタカラは、いわい（家居）の隅にうえておじゃれ」と三回唱える。富の宝は家の隅に置いて行けという意味であろう。

唱え言はもう一つあり、「みんな、いわい（家居）の隅から持って行っておじゃれ」と三回唱える。何もかも災難を持って行ってくれという意味だと聞くものだったそうである。

それから縁側の戸を開け、「えっし、えっし、えっし、えっし」と言いながら、家族皆で位牌・膳・供え物、土産物、戸・障子など全てを揺する。一方では囲炉裏でタブ（椨）の枝葉を焼き、パチパチ弾ける音と煙を出す。なるべくパチパチ音を立て、煙が出るのが良いとされる。最後に「あとしきの（子孫）ない人も奉《まつ》っていってくれ」と言って、焼酎とホウケシュジョウ（外精霊、無縁仏）の膳の料理を縁側から放る。

宝島では、タブの枝葉を焼いて送り出すときは、表の戸を少し開けておき「福は内、鬼は外」と唱えて、煎り豆を表間から外に撒き、「トンビン袋は、やない（屋内）の隅に置いていけ」と唱える。先祖を立たせたら戸をパタンと閉める。先祖が帰った後は敷いていた棚の筵の片方をめくって置き、その晩の内に灰をパラパラ撒く。


七島正月（親霊祭り）の祭祀構造は明らかに先祖祭りである。家の煤払いやユズリハの使用、年の晩・雑煮・祝い歌・初年祝い・年始回り同様の線香上げ等の表象は、小正月《こま》や七島正月の名が示す通り正月である。集落を挙げて親霊を迎えたことを喜び、一年の感謝と来る年の福を願い、共に正月を楽しむ。お立ちの際は先祖船に乗り遅れる親霊がないように、気遣いがある。親霊祭りに流れるのは、ご先祖様に対する敬愛と敬畏の念である。

一方で、親霊（先祖霊）は穢れ、あるいは清めなければならない存在、居残ってもらっては困る存在と捉えられている。親霊を迎えるセツギ迎えの日から、清めに使うシュエー（潮）が取れなくなり、親霊を送った後は再び取れるようになる。つまり、親霊は海を渡って来る。親霊が漂う海は清ではない。そして、迎えるのは先祖霊だけではない。先祖霊とともに好ましくない霊も寄ってくる。

先祖立ての儀礼で行う豆撒きや唱え言、全ての供え物を揺すり、タブの枝葉の弾ける音と煙で送り出す行為は、追い出す・追い払う行為であり、邪気祓い・魔祓いである。親霊を送った翌朝、戸主は清めのシュエー（潮）を取って来て、親霊が滞在した家屋敷を潮で清める。これで親霊祭りを終える。先祖霊を送った後の家屋敷の清めは、盆でも同様に行われる。

四　先祖船航行の語り

宝島のＺさん（男性、一九三〇（昭和五）年生まれ）は、次のように話した。

先祖は先祖船で甑島に向かって立って行く。東集落の先祖は「やんどまり海岸」から、西集落の先祖は「ひらこう海岸」から立つ。乗り遅れる親霊がいないように、その年の最後に亡くなった人が船頭をすると聞いている。

悪石島のＫさん（男性、一九三一（昭和六）年生まれ）は、次のように話した。

祖父達から聞いているのは、口之島の赤瀬に集まった七島の親霊は甑島に向かって立つ。口之島のネーシが、七日の夜に線香が上がって出て行くのを見たと言っていた。甑島の海岸に大きな穴があって、七島の親霊はその穴の中に入っていく。穴に入る時はススキが穴の内側になびき、一年後に出て来る時は外になびく。

息子の嫁（甑島出身）に親霊祭りの言い伝えのことを聞いてみたら、瀬々野浦という所に魂がくるという穴があると聞いたことがあるそうだ。

最近、甑島から来た人に聞いてみたら、その日になると柴の葉が動くと言い伝えのある所があるらしい。

平島では、親霊が立つ六日は他島の親霊の膳も供える。口之島のIさん（男性、一九三一（昭和六）年生まれ）は、仕事で滞在していた平島での経験を「平島は固くてオヤダマが通る道は一晩中歩かせない。夜十時頃、親戚が集まって高砂を謡って立たせていた」と話した。

口之島のYさん（女性、一九三二（昭和七）年生まれ）は、次のように話した。

六日にはムナッぺ、ムイカナッペ（六日鍋）と言い、鍋いっぱいに料理をつくる。「十島《としま》のオヤダマ」と言って、六日の夜にシオケ（煮しめ等）と焼酎を供える。これは下の島に親戚がいる家で行う。お立ちの供えは七日の朝に準備をする。七日にはナナナッぺ、ナヌカナッペ（七日鍋）と言い、鍋いっぱいに料理をつくる。宝比べと言い、ある物全部ご馳走を並べる。

口之島のIさん（男性、一九三一（昭和六）年生まれ）、Hさん（女性、一九二九（昭和四）年生まれ）は、次のように話した。

父親達から聞いたのは、六日の夜、下の島のオヤダマはグノメ崎辺に見えてきて、西の浜を通って虫くれ瀬という瀬に集まる。西の浜に住む人は、六日の夜にゴトン、ゴトンという丸木舟を漕ぐ音がしたというものだった。七日の夜、下の島のオヤダマと口之島のオヤダマは一緒になり、虫くれ瀬から鹿児島方面に向かって立つ。

下の島のオヤダマは虫くれ瀬に集まっているので、夕方、虫くれ瀬の見える所まで行き、虫くれ瀬に向かって拝む。虫くれ瀬は陸と繋がっていない。夜、下の島のオヤダマと口之島のオヤダマは虫くれ瀬から立つ。お立ちの知らせは「触れどん」が鉄砲で知らせた。乗り遅れるオヤダマがないように、午後十時に一番鉄砲、十時二十分に二番鉄砲、十一時に三番鉄砲を鳴らした。

虫くれ瀬は東の前の浜にあり、鹿児島方面に一番近い場所になる。グノメ崎は西の浜にあり、南から上ってくる船が見える場所である。赤瀬は北の端にある。南から上ってきた船が、東の虫くれ瀬に行くには赤瀬を経由することになる。

口之島では親霊に上げた供え物は、翌朝の「ヨウカのセク（八日の神楽）」が終わるまでは食べることができない。ヨウカのセクはトンチで上げられる。花瓶にユズリハを活けて神楽を上げていた。つまり、八日のセクをもって親霊祭りが終わると考えられている。八日の朝に上げる神楽は、七島中の親霊を送った奉納の神楽であり、清めの神楽である。

では、甑島に七島の親霊が向かう精霊洞はあるのだろうか。『三国名勝図会』「薩摩国甑島郡[23]」に次の記事がある。

「精霊洞　地頭衛より戌の方、凡三里

下甑村瀬々野浦海浜崖下にあり、高さ濶さ各二間餘方の嵓洞なり、中に出水あり、精霊泉といふ、古俗傳へいふ、黄泉に往のみちなりと、七月中元の前後、路側の草葉おのれと左右に偃蹇《なびか》す、是霊魂この洞より来住するなりと、故に土俗精霊洞とよべり」引用は三国名勝図会　第二巻（一九八二：一〇七八－一〇七九）。

精霊洞という洞の存在と古俗伝承は、悪石島に伝わる内容と同じである。違うのは七月の中元という時期の違いだけである。『三国名勝図会』には七島の精霊が入るとは書いていないが、精霊洞は存在していた。七島の人々は甑島の精霊洞と古俗伝承を知っていた。

早川孝太郎の「悪石島見聞記」には、年貢船はいったん山川港に入って、手形の交付を受ける。かくして鹿児島に上り貢物を納めるとある。年貢上納等で山川港滞在の際に、精霊洞の古俗伝承を知り得た可能性がある。

五　結論

先祖船航行について検討してみる。七島正月由来伝承の琉球出兵の一行は樺山久高を大将に一六〇九（慶長十四年）年二月二十六日に山川港に集結し、三月四日に出港する。七島衆も山川港集結に間に合うように、船団を組んだはずである。

七島衆が船団を組む場合、南に向かう場合は北の口之島から出立し、各島に寄りながら南の宝島で合流する。北に向かう場合は南の宝島から出立し、各島に寄りながら口之島で合流する。山川港集結の指令を受けた七島衆船団は、南の宝島から出立し、口之島で合流したはずである。

先祖船航行の語りを整理してみる。南端の宝島から出立した親霊は、小宝島、悪石島、諏訪之瀬島、平島へと進む。平島では他島の親霊の膳も供える。平島は中間の島である。先祖船一行は平島で食事と休息を取ったことを暗示する。

平島の親霊が合流し、先祖船一行は臥蛇島、中之島、口之島へと向かう。口之島では六日に、鍋いっぱいに六日鍋を作り、夜「十島のオヤダマ」の膳を供える。七日は同様に七日鍋を作る。口之島に到着した親霊一行は口之島で食事の提供を受け、一泊したことを暗示している。口之島の親霊と合流した先祖船一行は甑島に向かって立つ。口之島では親霊に上げた供え物は、翌朝の「ヨウカのセク（八日の神楽）」を上げてからでないと食べることができない。「ヨウカのセク」をもって親霊祭りが終わる。つまり、八日の朝に上げる神楽は、七島中の親霊を送った奉納の神楽であり、清めの神楽である。

七島船の航行について考えてみる。山川港に向かう七島衆が船団を組む場合、先祖船航行と同様に南端の宝島から順に各島に寄りながら船団を組む。先祖船の航行と同様に、中間の平島で一休みして食事の提供を受けた可能性は十分考えられる。平島の七島衆と合流した七島衆船団は、次の島へと航海を続け口之島に到着する。口之島で鍋いっぱいに六日鍋や七日鍋を作るということは、口之島に到着した七島衆船団が食事の提供を受け、一泊休憩したということを暗示する。翌日、口之島の七島衆と合流した七島衆船団は山川港に向かった。船団を見送った口之島では、七島衆の活躍と安全を祈願して神楽を奉納した。

先祖船の航行が七島衆船団の航行と同じであると証明する史料は何も無い。七島船の規模や隻数についても明らかではない。しかし、先祖船航行の語りは具体的である。八つの島の七島衆がどのように船団を編制したのか、その一端を暗示している可能性はある。

七島正月由来伝承の背景には、七島衆として活躍していた、かつての勇敢な先祖達を偲び語り継がれる中で、その語りが先祖霊を迎える正月と結びつき、正月を二回行う理由として紡がれた可能性がある。

第八章　護摩札資料等にみる七島（トカラ列島）の修験道文化

一　はじめに

悪石島のA家で見つかった護摩札、木棟札、ネーシ（内侍《ないし》・巫女）の数珠や鈴を通して、七島における修験道文化の痕跡を検討してみる。

二　護摩札

資料①　蘇民生来子孫繁昌也（そみんせいらいしそんはんじょうなり）

【解説】引用は『仏教語大辞典』

蘇民将来。［1］説話の主人公の名。富んだ巨旦将来の兄。貧しい兄は神に宿を貸して栄え、その子孫が災厄を免れることを神に約束されたが、弟は宿を貸さなかったために滅びたという（備後風土記）。現在各地の神社などで行われる茅の輪くぐり行事の由来譚になっている。［2］疫病除けのため、家々の門口に「蘇民将来子孫の宿」と書いて貼ったり、木製六角形の棒に「蘇民将来」などと書いて、社寺で小正月に分与したりするもの。

資料②　天照大日霊尊奉行神道行事運命延長動静隨喜攸（あまてらすおおひれいみことほうぎょうしんとうぎょうじうんめいえんちょうどうせいずいきのところ）

【解説】森田清美先生ご教示

天照大神の神道行事を奉る（行ってさしあげる）ことにより、運命は長く延び動静が喜ばしいところである。

資料③　伊弉諸尊
八幡宮　　散神三元三行三妙加持
伊弉冉尊

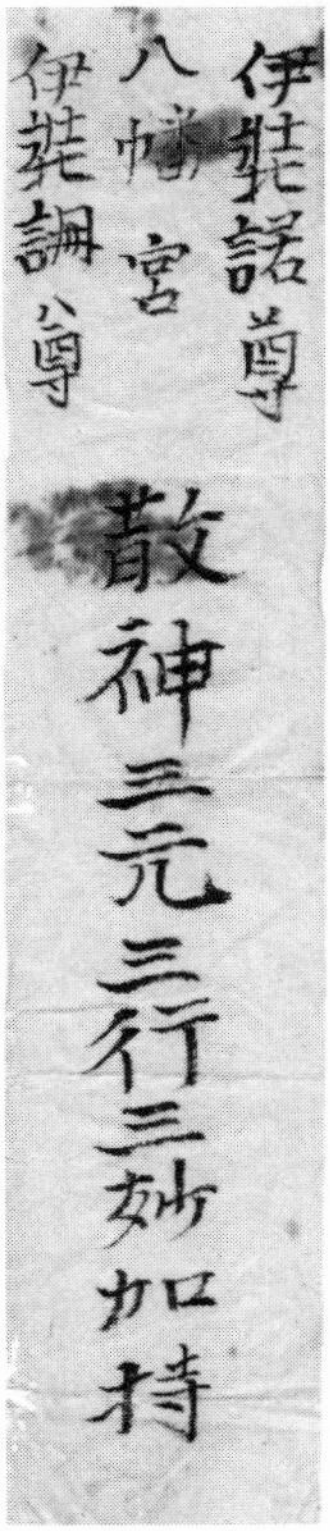

【解説】森田清美先生ご教示

「散神」は伊弉諸尊・八幡宮・伊弉冉尊「三神」の誤字と思われる。散神を文字通り解釈すると、平成の気が乱れるままで念仏する心と解釈されるが、この護摩札からは、やはり三神の誤字と思われる。「三元三行三妙」については、三元は、天元、地元、人元。三妙は天妙、地妙、人妙。この三妙に対して神檀が設けられる。この内容については、実見したことがないので詳細は分かりません。要するに、護摩火を焚いて、この祓いを唱えれば願い事が成就しないものはないという意味である。

資料④　○○兒安奉祈念産屋身心堅固守護

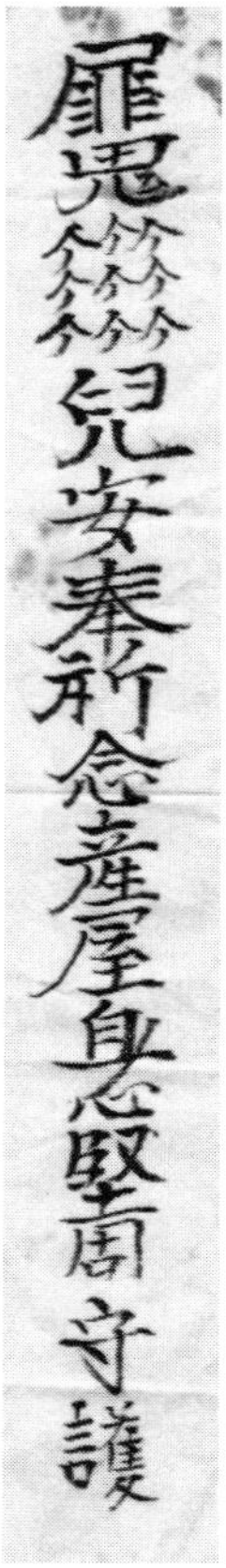

【解説】森田清美先生ご教示

鬼を書いたような護符の解説は、服部如實編一九七二『修験道要点』（三密堂書店）に、「産の砌に此の符を飲ますべし……」と掲載されている。

この護符は産屋を心身堅固に守護することを祈祷する意味がある。守護令の字が九つ書いてあるが、急急如律令（きゅうきゅうにょりつりょう）のことである。

【解説】急急如律令。引用は『仏教語大辞典』

悪魔を降伏させる呪文。また、火災を伏し、病患をいやす呪文ともいう。もとは中国漢代の官符に用いられ、律令を施行するように漢符の効果の速いことを意味したが、道教に用いられ、仏教に入って修験道では、悪魔を防ぎ教戒して降伏する意を持つとする。また、一説には律令とは律令鬼のことで、雲辺に潜む鬼という。

【解説】急急如律令。引用は『修験道辞典』

悪魔降伏のための呪文。本来道教のものであるが、修験道でも多くの符に記されて広く用いられた。その意味は字義に従えば、律令を施行するように符の効果が速いことを示している。しかし『修験檀問愚答集』では、悪魔を防禦、教誡し降伏する意味を持つとされている。

護摩札資料①②は、総代（現在の自治会長）の家で行われる、「お日待ち」行事の際に作られた。お日待ちに参加するのは男性有賦人《ゆうぶにん》である。有賦人とは十五から六十歳の男性で、一人前の大人として責任と義務を課された人である。男神役五人は日没から日の出まで、羽織袴（本祝《ほんはふり》は裃）姿の正座で過ごす。護摩札は夜明かしするこの夜、先輩達から手ほどきを受けながら青年達も書いて覚えた。一九六七（昭和四十二）年頃に小中学校に赴任していた若い教員は一緒に参加して護摩札を書いたそうである。

護摩札は全戸に配布される。配付先一覧表控えには、三十三軒の戸主名、公民館、発電所、公社への配付枚数が書かれており、資料①護摩札の総数は百四十三枚、資料②護摩札は九十四枚とある。配付先一覧表には年号は書いていないが、戸主名から一九七四年頃の物と推測する。

護摩札資料③④は黄ばみがあり、古い物である。この護摩札を作ったのが誰かは分からない。Aさん宅は神官講習を受けた書状を持つホンボーイ（本祝《ほんはふり》）世襲家の娘Tさんが嫁いだ家である。ホンボーイである父親が書いて娘に贈った可能性が考えられる。

三　木棟札

木棟札は霧島三命六社権現、奉勧請八幡宮安鎮、秋葉・金毘羅の三棟札が納められていた。

資料⑤　霧島三命六社権現

【解説】森田清美先生ご教示

三命とは天照大神、伊弉諾尊・伊弉冉尊のことと思われます。霧島六社がどこかということは説の分かれるところです（必ずしも現在の霧島六社とは限りません）。

資料⑥　奉勧請八幡宮安鎮

各家に祭る内神は秋葉、霧島、金毘羅の三神である。Aさん宅の神棚には勧請八幡宮安鎮の木棟札があった。木棟札の裏に記されている彦松氏はホンボーイ（本祝）で、Tさんの父親である。八幡宮を管理する父親が贈った可能性が考えられる。

四　ネーシ（内侍《ないし》・巫女）の数珠と鈴

資料⑦　伊良太加数珠・最多角念珠（いらたかねんじゅ）

【解説】引用は『仏教語大辞典』

そろばん玉のように平たく、かどが高くて、粒の大きい玉を連ねた数珠。修験者が用いるもので、もむと高い音が出る。

【解説】引用は『修験道辞典』

修験道で用いられるソロバンの玉の形をした百八の珠からなる念珠。念珠は煩悩を断じて仏果を生み出す法具とされている。その字義は、念は念々続起の煩悩、珠は起念即法界の円理を示し、両者を合わせて煩悩と菩提が一体不二であることを示す。また念は己心本覚の智、珠は実相真如の体、両者合わせて本覚真如の姿をさすともいう。『修験法具秘決精註』によれば、「最多角」の字義は、最は最上無有上。多は煩悩の多いこと、角は煩悩を推破し阿字に帰入さすことを示すという。

数珠はネーシが病気の祓い等で神懸かりする際に用いる。数珠を手に神懸かりし、祓う相手の体を数珠で撫でる。Tさん所有の数珠（口絵写真ⅷ参照）はAさん宅に保管されていたものである。Sさん所有の数珠は数が減少している。Sさんは「本当は百八つないといけないのだが、人撫で（祓い）に擦り切れて、半分に減ってしまった」と話された。Kさん所有の数珠は、鹿児島市内の自宅に保管されていたものである。島を引き揚げた後も、島の神様を信仰していた。

資料⑧　錫杖頭型鈴

鈴は「ガラガラ」と言い、神楽でネーシが手に持つ神具である。鈴の頭部は鉄製で、薄い円形皿の上に、半円形の鉄輪を球状に三本据え、それぞれに鐶《かん》をはめている。鈴を振ると鐶が音を出す。円形皿下部の棒に短冊状に切った弊を括り付け、棒の部分は赤布紐で括る。垂れた部分は花状に広げる。赤布紐で括った部分を握る。

錫杖頭（しゃくじょうとう）

【解説】引用は『修験道辞典』

僧侶や山伏の持つ杖を錫杖といい、その上部をさす。金属製で数個の鐶を持っており、鐶が触れあうことにより音を生じ種々の役割を果たす。山伏などが山野で修行する際に振り鳴らして毒虫などの外敵を追い払うのに用いた。

ネーシ（内侍《ないし》・巫女）の神楽はホンボーイ（本祝《ほんはふり》）を主とする男神役の同席の元で行われるが、著名な神社で若い巫女が軽やかに鈴を鳴らし舞う雅な神楽とは趣が違う。ネーシは御幣とガラガラを手に神懸かりする。神懸かりにより、手に持つ鈴が振られると音を出す。神楽では他に太鼓、手ブヨシ（手拍子？　シンバル様鉦）が奏でられる。ネーシの甲高い神懸かりの神歌と鈴の音、太鼓やシンバル様鉦の音で、その場は騒然とした雰囲気になる。

神役ネーシ（内侍・巫女）にはホンネーシ（本内侍・巫女）と浜のネーシ（浜宮の内侍・巫女）の二人がおり、Sさんは最後のホンネーシである。祖母、母親と三代にわたってホンネーシを勤めている。Tさんは浜のネーシを勤めている。数珠およびガラガラの持ち主であるネーシ三人は明治生まれである。

数珠（いらたかねんじゅ）とガラガラ（錫杖頭型鈴）を用いるのはネーシ（内侍・巫女）だけである。ガラガラ（錫杖頭型鈴）は全てのネーシが持っていたわけではない。

五　七島の真言宗寺院と山伏伝承

七島の修験道文化については、下野敏見先生の「トカラ列島の山岳信仰と修験道文化―修験道の南下とその受容―」の報告がある。御岳信仰や呪法、神々、系図伝承、真言宗寺院等を通して、トカラ列島の信仰の特色として、「古代末以来、修験道文化がたえず南下してきて島々を蔽い、密教色の濃い祭礼・信仰の形態を形成してきた」とする見解を述べている。[24]

七島の山伏伝承について、下野先生の報告を引用紹介する。

口之島の慶元の墓

「肥後家系図に、「弘治五年（一五五九）、大隅古江村慶元ト云山伏、当島江渡、乱ハウイタシ候条、打果候事、其後毎年七月十六日施餓鬼イタシ弔也」

「其比、島中色々災難有之不静謐ニ付、二兵衛前ヨリ兵道者有川氏頼存、万治三年（一六六〇）庚子四月、慶元和尚石塔供養ス、右之断文談一紙有之并十七日祈念ス、島中無違犯相守之、其外道之図古来之通相改也、右同時ニ南林寺（鹿児島にあり）住持鎮龍和尚頼上地菩提并供養之年、百万遍念仏正五九月相勤之、此故至今島無恙相治也」

すなわち大隅の古江（鹿屋市）からやってきた山伏慶元が島民によって殺されたのである。その後毎年七月十六日に供養していたが、災難が頻発するので、万治三年に大供養したというのだ」引用は下野（一九八一・一一三）。

口之島の郡司肥後休右衛門由緒書

「其先は平家の門族なり。壇浦敗戦の後、豊前国彦山の山伏にたのみ、山伏となり、山伏の島下りと名づけ、小船四五艘に乗て、口之島に至る。猶、源軍の来り攻めんことを恐れ、城を築て居住す。其城址、島にあり。平家城と号す、云々」引用は下野（一九八一：一一五）。

山伏どん

「悪石島の釈迦堂の庭（公民館）の前に石塔が一つあって、山伏どんの墓という」引用は下野（一九八一：一一三）。

慶元の墓伝承は、一五五九（弘治五）年に七島に渡った山伏がいることを伝えている。口之島太夫文書には、一六九六（元禄九）年に七島の島々には禅宗と真言宗の寺が存在したことを記す[25]。『三国名勝図会』には、中之島の「寶仙寺　本尊観世音菩薩、本府大乗院の末にて、真言宗なり」。宝島の「龍昌寶積寺　本尊釋迦如来、本府大乗院の末にて、真言宗なり、寺地の内、薬師・不動観音・地藏等の諸堂あり」とある[26]。
『拾島状況録』の「中之島記」に「法洗寺ハ木像阿彌陀ノ立像アリ。臺下天正十三年聚福本尊秋辰庵主ト記ス」とある[27]。

七島に修験道文化の流入が始まった時期については明らかではない。七島が薩摩藩支配下に組み込まれたのは、薩摩藩による一六〇九（慶長十四）年の琉球侵攻以降である。七島と真言密教・修験道・山伏との交流関係は、七島が薩摩藩支配下に組み込まれる前からあったと考えられる。
『薩摩藩法令史料集』には、七島と山伏の交流を示す記事がある[28]。

「慶長年号ノ比、琉球御征伐ノ砌ハ七島ヨリ御案内仕、諸事御奉公為仕　御褒美トシテ、七島〈列中〉へ知行高三百石ッ、川邊ノ内ニ拝領被仰付、其比ハ御番トシテ年々罷登為申由、其後何様ノ差支ニテ御座候哉、御断申上、御免許被仰付、左候テ、御代々　太守様御在国ノ砌《㊊は》　年頭ノ　御目見被仰付、到只今　御在国ノ砌ハ七島郡司ヨリ鰹節三十連・塩辛二壺進上仕、　御出座ノ御席ニ年々無中絶　御目見被仰付、冥加至極難有奉存候、尤、加世田ヘハ松板《㊊坂》山正本寺ト申山伏、七島檀方ニテ至只今、毎年七島安全ノ札守付届御座候、
右ハ、七島中従前々申渡候次第、書付可申上旨奉承知、島々申伝候次第モ御座候ハ、追テ書付可差上候、以上、

明和七年寅八月　　　六島郡司

但、中ノ島郡司
未罷登不申候、」

この史料については、森田清美先生にご教示頂いた。

「加世田へは松板（『列帳制度』では「坂」の字を用いている）山正本寺と申す山伏が、七島における檀方（だんほう……檀家、檀徒）でありますので今に至るまで、毎年、七島安全の札守（守り札）をつけ届をいたしてまいりました」

以下は、森田先生からお寄せいただいた疑問である。

疑問１
「松板山正本寺という山伏」の意味は、松板山正本寺に所属していた山伏という意味か。山伏は、位が低くても、袈裟（坊号）ないし院号を用いますので、そのような推測が成り立ちます。（山伏の位は、当山派の場合は、上か

ら、法印（ほういん）・大越家（だいおっけ）・阿闍梨（あじゃり）・螺の緒（かいのお）・笈籠（おっこみ）・三僧祇（さんそうぎ）・二僧祇（にそうぎ）・一僧祇（いっそうぎ）・錦地袈裟（にしきじけさ）。権大僧都（ごんだいそうず）・権小僧都（ごんしょうそうず）・律師（りっし）・権律師（ごんりっし）・院号・袈裟（坊号）と続きます（宮家準『修験道辞典』）。本山派は別ですが、薩摩半島から三島・七島は当山派と考えられます。

疑問2

七島は川辺に御褒美の知行高を貰っているのに何故、加世田に七島の守札を付け届けしたのか。

六　結論

悪石島で偶然遭遇した護摩札や木棟札、ネーシ（内侍《ないし》・巫女）の数珠や鈴を通して、七島における修験道文化の痕跡を検討してみた。

七島に修験道文化が流入した時期については明確ではないが、護摩札や棟札、真言宗寺院の存在、山伏情報等の資料は、七島への修験道文化流入を示す。集落内には九字紋石敢塔や九字の門（下野敏見先生撮影の坂元家の九字の門）も確認されている。九字紋石敢塔は寺・墓地区画に入る上下入口に据えられていた。九字の門は既に撤去されて残っていないが、第二次世界大戦前後までは五軒の木戸口にあり、特に「トンチ（殿内）」屋号の家の門は、土台に大きな桑の木を使用した立派な門だったそうである。修験道文化の痕跡は、七島における宗教文化や生活文化に何等かの影響を及ぼしたこと示す。

謝辞

護摩札および棟札は、修験道との関係を示す資料ではないかと考え、森田清美先生にご相談し、ご教示を頂きました。感謝を申し上げます。

第三部　民俗医療

身体の不調や外傷に遭遇すると、誰もが気軽に薬局を訪れ、病院を受診する。現代においては当たり前の健康希求行動である。しかし、一九六一（昭和三十六）年に国民皆保険事業が始まるまでは、誰もが平等に現代（近代）医療の恩恵を受けられる環境にはなかった。現代医療の提供環境は社会経済的豊かさに比例するものであり、都市と地方との地域間格差や収入格差により受けられる恩恵にも格差があったといえる。では、現代医療が治療選択肢として一般化されるまで、人々は傷病に対してどのような治療対処行動を選択してきたのだろうか。認知されているのは、いわゆる経験知として受け継がれてきた民間療法である。民間療法とは薬草・灸・温泉・呪術・シャーマン等による祓い等である。

現代医療の側から見る、人の健康希求行動は現代医療中心に映る。しかし、池田は「人々が病気になったときの行動をみると、そこには狭い意味での医療（現代医療）を超えた、多様で幅の広い行動様式や考え方があることに気づかされる。薬草などの伝統医療に基づくものや（中国起源の正統的医療の日本的展開）漢方医療は言うに及ばず、祈願や占い、時には水子供養などの宗教的ともいえる行動を伴うこともまれではない」と指摘し、「一つの社会に複数の医療体系とそれを支える信条が多様的、多層的に存在している」とする。そして「病人やその家族は、病気の種類、その症状や程度によってさまざまな医療体系を使い分けている」。この現象を多元的医療体系（システム）と定義している。[29]

つまり医療＝近代医療と捉えるのではなく、身体状態が、自分が健康だと考える状態から逸脱したときに、それを改善・回復しようとして求める資源、あるいは自分の身体状態を好ましい状態にコントロールするために求める資源を全て保健医療資源とみなす行動様式である。

「第三部　民俗医療」では、現代医療が一般化されるまで、人々が自分や家族に起きた身体の不調や傷病に対して、どのような治療対処行動を選択してきたのか、悪石島のみならず、鹿児島県内他地域における伝統的治療対処行動についても紹介し論じる。

無医離島である悪石島の事例については、伝統的治療対処行動から現代医療を受容していくまでの過程を論じる。

その前に七島で発生した感染症について、『拾島状況録』「傳染病」の項から、各島の発生事例とその状況をみておきたい[30]。

第九章　七島で発生した伝染病と流入・蔓延防止手段

一　はじめに

古代から現在まで、死を伴う感染症流行は世界中で発生し、人々を恐れさせてきた。日本では感染症の発生・蔓延を恐れ、病除けの札、錦絵、祈祷、俗諺の流布、流入蔓延を恐れ集落境に疫病退散の呪術具を立てる、見張りを立てる、病除けの踊りを奉納する等の事例が各地で聞かれる。鹿児島県には疱瘡踊りの民俗芸能が今も残る。

一見、人的移動が限られているように見える七島の島々にも、他地域同様に伝染病は容赦なく流入している。小さな島に、一旦流行病《はやりやまい》が入ると瞬く間に蔓延する。感染症の流入は死を伴うことを意味する。他所で疱瘡や流感等が流行《はや》ったという情報が入ると、悪石島では島内流入を防ぐために「入島時の魔ばれ」や「時《とき》の神楽」を行った。

「入島時の魔ばれ」は、浜宮を担当する浜のネーシ（内侍《ないし》・巫女）または浜のホーイ（祝《はふり》）が、呪《まじな》いの祝詞を唱えながら荷揚げされる荷や人に、シュエー（潮）を笹で振りかけ祓った。小離島である悪石島の玄関口は海である。

海からの流入を防ぐために行った祈禱である。

「時《とき》の神楽」は、「入ってからは遅いからトキでもしようや」とホンボーイ（本祝《ほんはふり》）の家に神役七人が集まり、神楽を奉納して流入防止を祈った。

本章では、七島の島々に流入した感染症およびその経緯、流入後の蔓延状況、行われた対策について、『拾島状況録』「疾病」の章の「傳染病」「療治法」に記されている各島の事例を紹介する。なお状況を理解しやすいように、概略を現代語訳で併記する（一部、原文の旧字体を常用漢字に改めた）。

二　七島で発生した伝染病

口之島

「今明治廿八年ヨリ百年許以前、赤痢大ニ流行シ、村中半数以上死亡シ、一家ヲ擧ケテ死盡シタル家アリ。人口大ニ減少ス（沿革ノ部人員ヲ参照スヘシ）。明治十七年、同病復流行シ、村中概シテ之ニ罹リタルモノ数人アリ。一人死亡ス。本病ハ既ニ土地病ニ變シ、毎年二三人ツ、患者ヲ生セサルナシ。其原因ヲ詳ニセス。最初他方ヨリ病毒ヲ輸入セシニ原因ストスルモ、別ニ詳記スルカ如ク、村落大ニ不潔、加フルニ飲料水村落ノ下ニアリ、水質佳良ナレトモ降雨ニ際シテ村中ノ汚水浸潤シ、井水ニ入ル故ニ、一度流行病ノ輸入若クハ發生スルコトアラハ之ヲ傳ハリ、村中ニ蔓延スヘシ。村上唯僅少ノ出水アルモ、一戸ノ用ヲモ辨スルニ足ラス。未開土人ノ力ニテハ到底汚水ノ浸潤ヲ豫防スルノ術ナカルヘシ。（中略）

文久元年、麻疹流行シ、全村之ニ罹リ、七人死ス。明治十八年、鹿児島に至リ、天然痘等ニ感染シ歸リテ后發スル者二人アリ。八町許ヲ隔テタル山中ニ移シ、曾テ該病ニ罹リタル内地人ニシテ嫁シ来ルモノヲ遣シ監護セシハ、病者ノ妹一人強テ行キ之レニ感染ス。然ルニ一人ノ死者ナカリシト。七年舊十月中旬頃ヨリ熱病（腸《ちょう》窒扶斯《チブス》トモ見ヘス）流行シ、本年五月ニ至リ尚ホ絶滅セス。村中ノ壯者多クハ之ニ罹リ、悪寒、頭痛、吐瀉ヲ發シ、早キハ拾日、晩キハ貳拾日許リニシテ治癒ス。免ル、者凡ソ村民三分ノ一ナリ。然ルニ死者一人ヲモナカリシ。毎年熱病ニ罹ル者二三人ツ、アリト。蓋シ又本島一ノ風土病タラン」

「巫女《ふじょ》拾貳人アリ。疾病ヲ祓フ、竹葉ニ海水ヲ浸シ、室内及病者ニ注グヲ以テ其法トス。疾病多クハ神ノ祟リト爲シ、巫女ノ云フ處ニ據リ、其神社ニ洗米ヲ供シ、全快ヲ祈ル」

明治二十八年より百年ほど前に赤痢が大流行し、村人半数以上が死亡し、中には一家皆死亡する家もあり、人口が大いに減少した。明治十七年に再び流行し、数人が感染し、一人が死亡する。本病は既に土地病になり、毎年一、三人の患者が発生する。最初の発生は他所からの流入だとしても、集落は不潔で、しかも飲料水の湧水地は集落の下にある。水質は良いが雨が降ると集落中の汚水が浸潤し、井水（湧水の共同水汲み場）に入るので、一度流行病が流入、発生すると井水を介して集落中に伝染し蔓延する。地元人にその原因を認識し、汚水浸潤防止対策を行う力はない。

文久元年に麻疹が流行し、村中の者が感染し、七人が死亡した。明治十八年、鹿児島に渡航した者が天然痘に感染して帰島後、感染者が二人出た。集落より八町ばかり隔てた山中に移し、天然痘の感染既往歴がある、本土から嫁してきた人に世話に当たらせた。感染者の妹が制止を振り切って行き感染するが、死者は一人もいなかった。

七年（明治二十七年？）旧暦十月中旬頃より、腸チフスと見られる熱病が流行し、本年（明治二十八年）五月に至り終息する。村中の壮年の多くがこれに罹り、悪寒、頭痛、嘔吐を生じ、早くて十日、遅くは二十日ばかりで治癒した。感染をのがれた者はおよそ住民の三分の一であった。死者は一人もいなかった。毎年熱病に罹る者が一、三人ずついる。本島一の風土病か。

巫女が十二人いて、疾病の祓いを行う。その方法は竹笹を海水に浸し、室内及病者に注ぐ。疾病の多くは神の祟りであるとし、巫女の言うところに拠り、神社に洗米を供えて全快を祈る。

中之島

「元治元年四月、鹿児島ニ登リ、痘瘡ニ感染シテ歸リ、貳人ニ傳染シ、壹人死亡セリ。患者ハ村西貳町許ヲ隔テタル山中ニ木屋ヲ造リ、之ニ移シ、其時宮ノ城ヨリ遠島ノ醫師アリシヲ以テ、其療治ヲ受ケシメタリ。他ニ蔓延セスシテ已ム。明治十三年六月、本島ノ船ニ便乗シテ下《くだり》タル旅人二人、船中ニ於テ虎列刺《コレラ》ヲ發シ遂ニ死亡ス。該船ノ本島ニ着スル、船人總體ヲ村西貳町許ノ處ニ木屋ヲ造リ、之ニ措ク事三十日許、其内一人該病ヲ發シタルモ全癒セリ。

明治十七年、口之永良部島ヨリ赤痢ヲ輸入シ、拾人之ニ罹リ、三人死ス。其翌年亦發生、四五人之ニ罹リタルモ皆全癒ス。赤痢ノ大ニ流行セシハ今ヨリ四代前ニアリ、朝鮮人ノ漂着セシ者ノ内之ニ罹ルアリ、村中ニ傳染ス。當時人口五百人位アリシカ、一朝ニシテ參百人ニ減少スルニ至リタリト。今村落ノ上屋敷ノ遺跡ヲ見ルハ、當時死滅セシ人民居住ノ跡ナリト云フ」

「巫女アリ疾病ヲ祓フ事口之島ニ同シ」

元治元（一八六四）年四月、鹿児島に渡航した者が痘瘡に感染して帰島し、二人に感染し一人が死亡した。患者は集落から村西二町ばかり隔てた山中に木屋を造って移し、その時宮之城から遠島された医師が在島していたので、その医師の療治を受けられた。他に感染者は出なかった。明治十三（一八八〇）年六月、本島の船に便乗して下る旅人二人が、船中でコレラを発症し死亡した。その船が本島に着くと、乗船人全員を村西二町ばかり隔てた山中に木屋を造って移し、三十日ほどそこに住まわせた。その内一人が発症するが全快した。

明治十七（一八八四）年、口之永良部島より赤痢が流入し、十人が感染し、三人が死亡した。その翌年にまた発生し、四、五人の感染者が出るが皆全快した。赤痢の大流行は今より四代前にあり、朝鮮人の漂着者の中に感染者がいて、村中に感染が広がった。当時の人口は五百人位、一朝にして三百人に減少するに至ったという。今の村落の上屋敷の遺跡は、当時死滅した人民居住の跡だという。

巫女がいて疾病を祓う事は口之島に同じ。

臥蛇島

「明治四年ノ頃痲疹流行、村中悉ク之ニ罹リ、七拾三歳ノ老人一人死亡ス。明治十九年四月、本島ヨリ鹿児島ニ渡航シテ歸リタル者ノ一人痘瘡ニ罹リ、壹時鹿児島ニ於ル本島ノ問屋永野助左衛門來リ本島ニ在リ其痘瘡ナルヲ發見ス。依テ其妻及兄一人ヲ付シ、又該永野ヲ依頼シ共ニ島南岩屋ニ送リ療養セシム。本人死シ妻及兄ニ傳染セシモ貳人ハ全快シ、他ニ傳染スルニ至ラスシテ止ム（後略）」

明治四（一八七一）年の頃に麻疹が流行し、村中ことごとく感染し、七十三歳の老人一人が死亡した。明治十九（一八八六）年四月、本島より鹿児島に渡航して帰島した者が痘瘡に罹り、当時鹿児島における本島の問屋永野助左衛門が来島しており、それが痘瘡であることを発見した。永野の計らいで妻と兄を付きそわせ、共に島の南の岩屋に送り療養させた。本人は死亡し、妻と兄に感染するが二人は全快し、他に感染者は出なかった。

平島

「文久二年麻疹流行シ、村中總テ之ニ罹リ、七拾餘歳ノ老人一人死亡ス。明治十六年赤痢大ニ流行シ、村中半數以上之ニ罹リ、死者ナカリシモ、爾后毎年数人ツ、発生ス。十八年地租改正ノ吏員本島ニ於テ一人赤痢ニ罹リタリ。廿四年腸《ちょう》窒扶斯《チフス》流行シ、拾人之ニ罹リ、三人死亡ス。天然痘ハ曾テ流行セス」

文久二（一八六二）年に麻疹が流行し、村中が感染して七十余歳の老人一人が死亡した。明治十六（一八八三）年に赤痢が大流行し、村中の半数以上が感染し、死者はいなかったが以後毎年数人ずつ患者が発生した。明治十八（一八八五）年、地租改正の吏員が本島において一人赤痢に感染した。明治二十四（一八九一）年、腸チフスが流行し、十人が感染し、三人が死亡した。天然痘は今まで流行したことはない。

諏訪之瀬島

「傳染病ノ發生若クハ流行シタルコトナシ。然ルニ感冒ハ時トシテ之ニ罹ルコトアリ。其他移住以來死者拾人アリシモ、其何病タルヲ詳ニセス」

「内地若クハ大島ヨリ船舶入湊シ、船員村中ニ入リタル時ハ、一日間業ヲ休ミ、疾病駆除ノ祈禱ヲ爲シ、毎月一日、十五日、廿八日ハ七島ノ例ニ倣ヒシトテ海水ヲ取リ、之ヲ邸宅ノ内外ニ散布ス。之レ疾病ヲ發生セシメサルカ爲メナリト」

伝染病の発生、流行はない。感冒（かぜ）は時に罹《かか》ることがある。移住以来、死者が十人いるが、それが何の病によるか詳細はわからない。

内地もしくは大島より船舶入港し、船員が村中に入る時は、一日仕事を休み、疾病駆除の祈祷を行い、毎月一日、十五日、二十八日は七島の例に倣い、海水を取り、邸宅の内外に散布する。疾病発生予防の祓いだという。

悪石島

「明治十七年鹿児島ニ渡航シ、歸途口之永良部島ニ於テ赤痢ニ罹リ、島中ニ蔓延シ、二三戸ヲ除クノ外、總テ傳染ヲ受ケ六名死亡ス。

明治十六年腸窒扶斯《ちょうチフス》流行シ、六人之ニ罹リ五人死亡ス。其原因ヲ詳ニセス。天然痘流行セシコトナク、其他流行病ナシ」

明治十七（一八八四）年、鹿児島に渡航し、帰途口之永良部島で赤痢に罹り帰島し、島中に赤痢が蔓延する。二、三戸を除き、全戸が感染し六名が死亡した。

明治十六（一八八三）年に腸チフスが流行し、六人が感染し、五人が死亡した。その原因の詳細はわからない。天然痘が流行したことはない。その他流行病なし。

宝島

「文久二年麻疹大ニ流行シ、村中老若總テ之ニ罹リ免レタル者唯三名、死シタル者貳拾五名アリタリ。其以前及以后本病流行セシコトナシ。明治十七年赤痢流行シ、之ニ罹リタル者九名、死シタル者壹名アリタリ。其他感冒時ニ發生スレトモ、痘瘡若クハ間歇熱等ノ發生ナシ。内地若クハ大島ノ舟來ル時ハ、必ス感冒流行スト稱ス。我等ノ滞在中恰モ感冒流行ス。（中略）感冒ニ限ラス何種ノ疾病ト雖モ必ス内地若クハ大島ヨリ輸入スト思考ス。傳染病ノ如キ實ニ彼等ノ言フカ如ク、多クハ内地ヨリ入港シタル船ニ依リ傳播セラル、モノタルガ如シ。

他所ヨリ着船セシ時、時間早ケレバ其當日、若シ夕刻ナレバ其翌日、各戸業ヲ休ミ飯ヲ藁ニ包ミ、之ヲ各戸ノ間口ニ掛ク。之ヲ病氣拂ノ祈禱ナリ。若シ其船有病地ヨリ來リタルカ、又ハ何種ノ疾病ニ拘ラス船中病者アル時ハ三日間業ヲ止ミ、右之外更ニ米壹戸一合宛ヲ出シ、彼等ノ鎮守神社ト稱スル神前ニ供シ、社司病氣拂ノ祈禱祭ヲ爲ス。往時ハ其入泊シタル船ニ米壹升三合ヲ出サシメ、之ヲ其祈禱祭ノ供物ニナシタリト。而シテ其徴収ニ使スルモノハ巫女ナリ。巫女ハ方言或ハ「ノロ」ト云フ。他島巫之ヲ禰宜《ねじ(ぎ)》ト稱ス。本島ニ至リ始テ「ノロ」ノ語アリ。大島古來禰宜ヲ「ノロ」ト稱セリ。關スル處アル乎」

文久二（一八六二）年に麻疹が大流行し、村中の老若全てが感染した。感染をのがれた者は三名、二十五名が死亡した。それ以前、およびそれ以後に麻疹の流行はない。明治十七（一八八四）年に赤痢が流行し、感染者九名、一名が死亡した。その他には感冒が時に発生するが、痘瘡、間欠熱等の発生はない。内地もしくは大島の舟が来た時は、必ず感冒が流行するという。我等の滞在中にちょうど感冒が流行した。

感冒に限らず病気は必ず内地もしくは大島から流入すると考えている。伝染病は、彼等が主張するように、多くは内地から入港する船により伝播するようだ。

他所より船が着いた時、時間が早ければ当日、もし夕刻なら翌日、各戸仕事を休み、飯を藁に包み、これを各戸の間口に掛ける。これは病気払いの祈祷である。もしその船が有病地から来たか、または疾病の種類にかかわらず、船中に病人がいる時は三日間仕事を休み、更に米を一戸一合ずつ出し、鎮守神社の神前に供え、社司が病気払いの祈祷祭を行う。往時は入泊する船に米一升三合を出させて、これをその祈祷祭の供物にしたという。そしてその徴収の使いをする者は巫女である。巫女は方言では「ノロ」という。他島では禰宜《ねじ(ぎ)》（ネイシ・ネーシ?）と称する。本島に至り始めて「ノロ」の語が使われる。大島では古来、禰宜を「ノロ」と称する。関係するところがあるだろうか。

三　結論

死者を伴う感染症の流入・蔓延は腸チフス、赤痢、麻疹、天然痘（痘瘡・疱瘡）である。これらの感染症が発生し蔓延した原因は、島外からの人の流入による持ち込み、島人が島外へ出向き感染して帰島したことに由縁する。つまり、これらの感染症流行は七島の島々と外部世界との人の移動や交流がもたらしたものであり、鹿児島県本土に限らず、日本全国で起きていたことを意味する

感染症対処の基本は過去も現在も流入防止と蔓延防止である。感染者が確認されると山小屋に移し隔離療治が行われている。興味深いのは、元治元（一八六四）年、中之島では宮之城から遠島された流刑人医師によって痘瘡の療治が行われたこと、口之島では明治十八（一八八五）年、感染既往歴のある内地人の嫁をその世話に当たらせていること、臥蛇島では明治十九（一八八六）年、鹿児島の七島の問屋永野助左衛門の在島により痘瘡が確認され、彼の計らいで岩屋に移し療養させていることである。

七島を担当する問屋は、明治三十四（一九〇一）年に悪石島の帆船（イサバ・年貢船）が遭難した際には、種子島で保護された乗員を鹿児島まで移動させる計らいをしている。七島の人々と問屋の関係は密接なものであったことがわかる。

諏訪之瀬島では内地や奄美大島から船舶が入港した際は、船員が集落に入る前に一日間仕事を休み、疾病駆除の祈祷を行っている。

特徴的なのは宝島の祈祷である。他所より船入港の際はその当日または翌日に、各戸が仕事を休み、飯を藁に包

み各戸の間口に掛ける。疾病流行地からの入港または船中病者があるときは、三日間仕事を休み、更に米を一戸一合あて出し、鎮守神社で社司が病気祓いの祈祷を行っている。往時は入泊する船に米一升三合を出させて祈祷祭の供物にしたとある。米が祈祷の供え物として重要視されている。七島の親島であった宝島は最も人口が多く、水田がある豊かな島であった。貴重な米を提供することに疾病退散の祈祷効果を見いだす意図があったのかもしれない。また伝染病に限らず、病人の養生には各島共に米粥を与えている。米粥を食べさせ自然回復を待つ。灸を据える。ネーシの祓いを受ける等の対処を行っている。

祈祷や疾病の祓いを担ったのは社司や巫女である。七島の巫女は内侍《ないし》が転訛したネイシまたはネーシの呼称で呼ばれているが、宝島では奄美大島や沖縄の司祭巫女「ノロ」の呼称も用いられていたことが指摘されている。また、中之島、悪石島の記事には、鹿児島に渡航した帰りに口之永良部島で感染とある。鹿児島本土と七島の島々を結ぶ航路は長い。口之永良部島は七島船の寄港地として交流があったことが推測できる。

七島内で発生した伝染病の様相は、世界的流行を引き起こしている新型コロナウイルスの様相そのものである。グローバル化した社会では感染症と人との関係は切っても切れない。

第十章　伝統的に行われていた治療対処行動

一　はじめに

典型的な無医離島へき地である悪石島に簡易へき地診療所が開設し、看護婦（看護婦名称は二〇〇二年に看護師に変更）が常駐するようになったのは一九六三（昭和三十八）年である。それまでは身体の不調や病気になると薬草や灸を用いる他に、必ずネーシ（内侍《ないし》・巫女）の祓いを受けていた。ネーシは医者代わり、看護婦代わりとして、島民の健康維持に活躍していた。本章では、島民の治療対処行動を通して、背景にある病気認識や心情について論じてみたい。

聞き取り情報は、一九八三（昭和五十八）年、八四年に行った卒業論文の研究調査および一九九一（平成三）年八月に行った再調査にもとづく。伝承者の年齢は明治の終わりから第二次世界大戦終戦前に生まれた方である。伝承者が語った傷病を取り巻く事象は、一九二〇年頃から一九六〇年代までの体験談である。当時の人口は三十戸前後、百五十名から百八十名台で推移している。半農半漁、自給自足、結いの共同体が続いていた時代である。

二　薬草等による手当て

①小傷の血止めにはフツ（ヨモギ）、スミガヤの葉を揉んでつける。
②怪我をしたときはグリス（船に使う油）を塗ると化膿しなかった。ヨキ（斧）の刃で足を怪我したとき、グリスと炙ったツワ（石蕗）の葉で治した。
③かぶれには鳳仙花の花と葉を潰してつける。
④ネブイ（化膿した腫れ物）にはドクダミ、フツ（ヨモギ）を炙って、揉んで傷につける。膿を吸い出す。
⑤腫れ物にはツワ（石蕗）の葉を炙って貼る。
⑥子供の脱肛にはツワ（石蕗）の葉を炙って当てる。
⑦ヒエ（化膿・炎症）止めにはグミの木の皮を煎じて飲む。グミの木は囲炉裏の上に吊り下げて常備されていた。
⑧破傷風の予防に青竹の皮を煎じて飲ませる。破傷風の養生にはグミの木の皮を煎じて飲む。味噌を溶かして飲む。
⑨肩こり・腰痛・神経痛・腹痛・歯痛・のぼせにはヤイト（灸）をする。
⑩腹痛にはフツ（ヨモギ）を揉んで、その汁を飲む。
⑪目にゴミが入ったときは、乳飲み子のいる人から乳を入れてもらって洗い流す。
⑫頭痛や熱が出たときは芭蕉の幹を割って枕にして冷やす。
⑬魚にあたって舌が痒くなるときがある。そんな時は黒砂糖の汁を飲ませる。
⑭呪術については、下野敏見の『トカラ列島民俗誌』「第一編　悪石島の民俗」[31]に呪術関係文書が紹介されている

が、呪術を受けた経験者には出会えなかったので、日常的な方法ではなかったものと思われる。

三　ネーシ（内侍・巫女）の病気の祓い

事例①　女性　一八九九（明治三十二）年生まれ

神山《かみやま》の薪を採ったりするとすぐ熱が出たり、ブツブツが出る。そんな時はネーシに拝んでもらい良くなった。

おそらく、ハゼノキ等によるアレルギー性接触皮膚炎と推測できるが、その原因を神山の薪を採ったことに求めている。神山はむやみに侵入し、植生を採ることは禁忌とされていた。

事例②　女性　一八九九（明治三十二）年生まれ

ヒチゲー[32]の夜に神様に会うたらおしまい。神《かみ》カゼ（神の祟り・邪気）と言って一番恐ろしかもん。昔、トクノウの山に、他所から餅木取りに来ていた人がいた。昔は五月（旧暦）の大潮の日に皆で東（東の浜）に行き、山の神様を降ろして白綱曳《しらつなひ》きという漁をしていた。白綱曳きの日に山に行くことは禁じられていた。ところが、その日、餅木の皮を浸けている水を見に山に行った。その夜に亡くなった。亡くなる前、水道の上にきれいな赤い鳥を見たと言った。それは神様だった。

この話を教えてくれたのはネーシ（内侍・巫女）である。白綱曳きは山の神様を降ろして漁をする日である。山に入るなと言われている日に山に入ったために、神様と遭遇し、その祟りを受け急死した。水道の上で見たという赤い鳥は姿を変えた神様だった。神々の日であるヒチゲーは神々が集落に集う日である。出歩いて神様に遭遇したら、そのように神の祟りに触れて死に至る。神カゼとはそれぐらい恐ろしいものだということである。

事例③　男性　一九一〇（明治四十三）年生まれ

長男が、熱が出てつった（痙攣）ときに、おごうて（拝んで）もろうた。ネーシに拝んでもらったり、お灸をしたり、手養生で治していた。障《さわ》りがあったときは、やっぱい神様の力を借りんと良くならん。熱が出て下がらんときは、ネーシにお祓いをしてもろうた。麻疹《はしか》のときとか、水疱瘡のときは拝むと返って悪いと言って、拝んでもろわんもんじゃ。

憑き物の影響は「障り」という。病気が良くならないときは障りがあると考えている。その場合は神様の力が必要だと考えている。つまり、ネーシの祓いが必要だということである。しかし、麻疹や水疱瘡は別枠に位置づけている。麻疹や水疱瘡は子供が一度は罹患する病気だという経験的な判断をしている。この事例は身内にネーシがいる。明るく話し好き、面倒見が良く島の古い事をよく知る人である。

事例④　男性　一九一〇（明治四十三）年生まれ

同居している青年が、山にツワ（石蕗）採りに行ったあと、頭痛がして気分の悪い状態に悩まされた。青年の帰宅後に確認したところ、青年は前年に亡くなった某男の妻に送るためのツワ（石蕗）を採りに行っていたことが分かった。神棚に向かうと、この男の霊が語りかけ、話をしたいがためにそのようにしていたことが分かった。

この男性は覡《かんなぎ》である。青年の話を聞いて、男の霊が語ろうとしていることを察して神棚に向かったところ、男の霊が語り始めた。頭痛や気分の悪さは、霊が話をしたいがために引き起こした症状だった。

この事例の母親はネーシである。子供の頃から母親の神事に興味があり、自分もネーシになりたいと願っていた。しかし、男はネーシにはなれない。大分県で兵隊の点呼中に意識不明になり、火葬場で目を覚ます体験をして、巫女を訪ねる。島に帰り信心の道に入らなければ死んでしまうと言われ終戦後に帰島する。

成巫するまで髪を腰まで伸ばし、白い着物を着、女座りをし、努力して成巫した。ネーシ継承が途絶えた後も、彼はシャーマンとして祓い等に活躍した。外来者にも気さくに話しかけ、世話好きで、他住民とは少し違う雰囲気を漂わせていた。

事例⑤　男性　一九〇七（明治四十）年生まれ

十五歳のとき、粟採りに行って、村（集落）にしかない木が山にあるから珍しくて引っこ抜いた。神様のおじゃった（おられる）木だったらしい。十四日目に熱を出して、十四日間意識不明だった。足の爪を傷つけていたから、破傷風やろうと破傷風の養生をした。味噌を溶かして飲んだり、グミの木を煎じて飲んだり。元気にはなったけど、手足が不自由だった。ス（シ）バタケの祭りがあって（あるから）と言うて、そこに行ったらネーシババが良か所に来てくれたと言うて、そこに行ったら元気になった。

覚えてはいないけど、熱を出して寝込んじょったときには、ネーシを頼んでお祓いをしてもろうたと思う。この話を聞いた桜島の人が、桜島の神様（巫女）に会うて聞いてみたら、神様の住んでいる木を抜いちょって、挿し木をして返せと言われたらしい。挿し木に行ったら、木の芽立ちの木はいつまでも生きちょらんはずやっとに、半年経っても枯れちょらんかった。あれは不思議なもんやった。

当時は生傷から感染を起こすことを恐れ、効能薬としてグミの木を煎じて飲んでいた。ここでは熱の原因を破傷風だろうと推測しながら、一方では神様の宿る木を抜いたための祟りだと考えている。

この事例の母親はネーシである。スバタケの祭りはネーシが集まって行う祭りである。そこに行けば集まっているネーシ全員で祓いをしてもらえることを意図して、家族が促す。そこで祓いをしてもらって病状が良くなった。興味深いのは、桜島の人がこの事例の状況を又聞きし、桜島の巫女に判じを伺い、それを伝えていることである。起きた症状は神様の宿る木を抜いたための祟りだった。挿し木をして返すことで、神様に新しい住処を提供することになる。抜いた木は、神様の宿る木であったために、本来なら枯れているはずの木が六カ月たっても枯れずに生きていたということである。

この方は海や漁場をよく知る優れた漁師である。冷静で記憶力が良く、話を聞くといろいろなことを知っていた。後でもっと昔の話を聞いておくべきだったと思った方である。

事例⑥　男性　一九一四（大正三）年生まれ

子供の頃から風邪を引きやすい弱い子供だったから、よくネーシに拝んでもらっていた。おかげで大人になってからは丈夫になった。一番印象に残っているのは、十二、三歳の時やったかな。熱病に罹って髪の毛が全部抜け落ちたときがあった。そん時もネーシに拝んでもらった。

あれは長男が六歳の時やったかな。ウトウト眠ってぐったりして、あんべ悪さ（塩梅が悪い、具合が悪くなる）を起こしたことがあって、ネーシに拝んでもらった。そん時は確か、一週間ぐらいで良くなった。具合が悪いときは、いつもネーシに拝んでもろうていた。憑き物が憑いちょっときもあるし、憑いちょらんときもある。まあ、昔はネーシの祓いがよう効いちょったな。頭が痛くても腹が痛くても不思議に良くなっていた。

自分は虚弱児だったが、いつもネーシに拝んでもらっていたから丈夫な大人に成長した。子供の具合が悪いときもネーシに拝んでもらった。具合が悪くなる原因には、憑き物が憑いている場合と憑いていない場合があり、それはネーシの祓いを受けることで分かる。いずれであっても、ネーシの祓いはよく効いた。効果があった。

この事例の母親はネーシである。若い頃から働き者でリーダー性も合わせ持つ。神事に詳しく、神事をきちっと行う人という評判だった。村落祭祀の調査の際に、誰に聞いたらよいか数人に尋ねたとき、判で押したようにこの男性の名前が挙がった。一番お世話になった方である。当時は神役として後輩を指導し、島の祭り等について知識のない私にも、面倒くさがらずにいろいろ教えてくれた。

事例⑦　男性　一九一四（大正三）年生まれ

青年のとき、東の浜に兵隊の漂流死体が数体上がり、二、三人で丁寧に焼いて葬った。その中に山下次郎というネーム票を胸に付けた死体があった。その夜、足先から頭にかけてズウズウ寒気がして眠れなかった。ネーシに拝んでもらったら、山下次郎氏がお世話になったとお礼を言うためであった。

事例⑥と同じ方である。戦時中、沿岸には多くの兵隊の遺体が上がったという。中には手足がバラバラの遺体もあった。翌日改葬しようと思い、五、六人の遺体を一カ所に並べて置いていたら、次の日には波に洗われ一体も残っていないこともあったという。島民は、その時に在島していた警察官や役場職員と、それらの遺体を荼毘に付した。白木の箱に収められた遺骨は、警察官が当時中之島にあった役場に持って行ったそうである。身元が確認できた者もいた。土葬した遺体については、戦後遺骨回収に来たそうである。

その頃、遺体を葬った人は夜間、霊に襲われ寒気がして眠れなかった。ネーシに拝んでもらったら、ネーシの口を借りて次々に死者の霊が現れお礼を述べたという。ネーシの託宣によると、寒気がして眠れなかったのは、死者が礼を言うためにそうしたのであった。つまり、礼をいうためにはネーシの口を借りなければならないので、ネーシの祓いを受けるように仕向けたということである。

事例⑧　女性　一九一八（大正七）年生まれ

初物を食べると必ず癪病《しゃくや》みになり、よう拝んでもらっていた。良くなるときもあるし、良くならんときもあったけど、治ることの方が多かった。私は癪病みのときしか拝んでもらった経験はない。

この事例は、体調を崩すことが少なく健康だったので、ネーシの祓いを受けたのは初物を食べたときの癪病みのときだけだった。癪病みとは初物を食べ過ぎた為の胃痛だろうか。良くなるときもあるし、良くならないときもあると述べている。この事例も母親がネーシである。事例③の妻で、夫婦共にいつも温かく迎え入れてくれた。

事例⑨　男性　一九二六（昭和元）年生まれ

今は病気になると医者・薬じゃとそれで治るけど、昔はヨモギやらの薬草とお灸とネーシで治していた。風邪をひいたりすると、その弱みにつけこんで霊が襲うことがある。軽いときは一回ネーシに拝んで貰うだけで治るけど、重症になると二回も三回も拝んでもらわんといかんかった。昔はいろいろ不思議な事もあった。ネーシで良くなっていた。

病人が障りを起こすような問題行為をしていなくとも、体が弱っているのにつけこんで取り憑く悪霊がいる。重症になると快復するまで何回もネーシの祓いを受けなければならなかった。ネーシの祓いで良くなった。

かつての病気等を引き起こす現象を、悪霊等の関与と認識していることから不思議な事と表現している。身内にネーシがいる。ホンボーイ（本祝）経験者で、後輩への祭祀指導・相談役、盆のボゼ登場を知らせる太鼓打ちや十五夜綱引きのかけ声役等も専任していた。

事例⑩　男性　一九二九（昭和四）年生まれ

祖父がお寺の道拵えの際に、中国製と思われるカラカラ（水差し様の物）を見つけ持ち帰った。その夜、母親に異変が起きた。具合が悪くなり、ネーシに拝んでもらったら「何か持って来ていないか」と言われた。カラカラを持って来たことを話したら、そのカラカラの祟りと出て、それを返すように言われた。お寺に返したら母の症状が快復した。

母親の具合が悪くなった原因は、寺の敷地にあった水差しを持ち帰ったことによる祟りだった。返すことで母の具合は良くなった。

鹿児島市内在住のこの事例は、子供の頃に祖父から祭祀や言い伝え等をいろいろ教えてもらったそうである。船乗りで、頭が良く、優れた文章力を持つ方であった。

事例⑪　男性　一九三三（昭和八）年生まれ

男性は先祖の墓を改葬して鹿児島市内の墓地に移すために、五歳の娘を連れて十数年振りに帰島した。墓を改葬した夜、娘が頭（？）が痛いと泣き出した。ネーシに拝んでもらったら、先祖たちが次々にお礼を言い、懐かしそうに語り出した。

先祖たちがお礼を言うために、娘に異変を起こし、ネーシの祓いを受けるように仕向けた。

事例⑫　男性　一九四二（昭和十七）年生まれ

小児喘息だったから、風邪をひく度にオトババ（神親であるネーシ）に拝んでもらっていた。気分的なものかもしれないけど、拝んでもらえば良くなっていた。この間、風邪で寝ちょったら、お袋（八十七歳で認知症が始まっている）が、具合が悪かとならネーシババを頼んで来ようかと言った（苦笑）。昔はそんなして、すぐネーシを頼んでいた。

今でも不思議に思うのは、小学五年生ぐらいのときだったと思う。縁側で夕涼みをしているとき、急に息が詰まり変だった。いつもの小児喘息の症状とは違うと思った。ゼエゼエも言わんかったし。オトババを頼んでお祓いしてもらったら、すぐぴしゃっと止まった。兵隊の五味さんの霊が障っていたらしい。湯泊りの浜に名瀬行きの運搬船が打ち上がって、文房具を拾って来たけど、その場所が五味さんの墓の近くだったらしい。

八十七歳の老母の言葉は、かつてのネーシと島民の繋がりを如実に表すものである。ネーシが頼りにされ、ごく自然に受け入れられていたことが分かる。

小学五年生のときの体験は、五味さんの墓の近くにあった文房具を拾ったために、五味さんの霊が影響して体に異変を起こした。戦時中、悪石島沿岸には多くの兵隊の遺体が漂着した。五味さんもその一人である。事例⑦参照。

この方は島外に就職することなく、青年団の中心メンバーとして頼りにされ、お兄さん的存在として皆に慕われていた。争いを好まず、穏やかで優しく、常に気配りを見せていた。

事例⑬　ネーシ成巫《せいふ》の前兆となった体調不良

ネーシ誕生の引き金となった体調不良には、頭痛・頭重感、吐き気、高熱、精神の混乱等がある。初山の時に頭痛に襲われ、家に帰ってからネーシに祓いを受けた。高熱を出して三日間うなされていたときに、霊に取り憑かれているのではないかと家族が心配し祓いを受けた。精神の混乱をきたし気がふれたようになり、霊に取り憑かれているのではないかと家族が心配しお祓いを受けた等々。

これらの事例は全員が女性である。体調不良のために、ネーシの祓いを受けたことがきっかけでシケ（体が震えることで、神が憑依した知らせ、神懸かり）を体験し、ネーシに成巫している。

事例⑭　集落がお願いした祓い

最も恐れられている神々の祭り「ヒチゲー」の夜に、外出が禁じられているのに海に行き、潜水したまま行方不明になった男性がいた。当時、この男性の霊が集落内をさ迷い島民は恐れた。ある夜、ネーシが歩いているとこの霊に遭遇し、前に進もうとすると通せんぼし、右に行こうとするとまた通せんぼし悪さをした。それからしばらくして、死体が上がらないまま葬式が行われた。ネーシは葬式のとき、激しく塩をまき、さまよわず安住するようにといさめてお祓いをした。それ以降、男性の霊がさまようこともなくなった。

四　ネーシの祓いの認識

では、ネーシ本人は祓いについてどのような認識を持っていたのだろうか。長年ホンネーシ（本内侍・巫女）を勤めたSさん（一八九九（明治三十二）年生まれ）は、次のように話した。

昔はネーシババがお医者さんだったもんな。婆ちゃん達も夜・夜中、人が病気だ、子供が熱を出したといっては起こされて行っていましたよ。水を浴びて、体をきやためて（清めて）からな。昔の数珠はこんなに長かったのよ（四十から五十cm手を広げる）。いつもお医者さんはおらじ（居なくて）、子供が病気だといっては夜中に起こされて行くでしょうが。人撫でにこんなに擦り切えてしまって（玉は半分に減少）。本当は百八つなかといかんとやけどな。昔はどんな病気でも神様で治っていたよな。昔は効き目があったとやろな。

例えば、あんたが病気になって、私に拝みしてくえーて（してくださいと）頼みにくるでしょう。そしたら、

> お前たちのおじいさん、おばあさんなんかが私にのって、ものを言うのよ。昔の事を言うたりな。死んだ魂のあるものは会いがならんでしょう。神様になって、神様にお願いして、懐かしゅうて、泣いとうてな。神様が祟ったときは、神役を呼んでお神楽をあげて、神様にことわりを言うのよ。木を倒したりするでしょう。そしたら、その木に神様が宿っていて、神が祟ることもあったのよ。病気をしたりしてね。病気の時は神様にお願いするでしょう。だからすぐ分かっとな。そんなときは、ホンボーイ（本祝《ほんはふり》）様を頼んで来て、お神楽をあげて、それでも合点せんときは御幣をかいて（御幣を切る・作る）お詫びしていた。
>
> 　死んだ人の魂が、みる人のいない霊（供養してもらえない霊）が、襲ってくることがある。それをネーシに取り払ってもらう。
>
> 　なかなか起き上がれない（病気が快復しない）ときも、何人かのネーシを頼んで一緒にお祓いをしてもらう。ネーシによっては逆に取り憑かれるのではないかと恐れて、祓いを嫌ったりする時もある。この種の祓いはしっかりしたネーシでないとできない。神懸かりも激しく時間もかかり、とても疲れて苦しい。
>
> 　障りではない病気のときは良くなりますようにと神々にお願いする。

岩田帯を巻くときに祈りを捧げたネーシは、その子供の神親として、誕生儀礼や病気の祓いに責任を持ってかかわる。子供が病気になるとネーシは昼夜関係なく祓いに呼ばれていた。寒い冬でも水で体を清めてから神に向かい、子供の健康を神にお願いしていたという姿には、ネーシが使命感を持ってその期待に応えようとしていたことが分かる。

Sさんの病気観には、身体の不調や病気を引き起こす原因には、何か超自然的なものが作用しているからだという考え方がある。島民の病気観も同じである。身体の不調や病気を引き起こす原因には、障りによるものと障りではないものがある。ネーシは神様に伺いを立て、その原因を見極め、原因に応じて祓いを行う。

障りには、①霊がお礼などのメッセージを伝える、②悪霊に襲われ取り憑かれている、③神の祟り、がある。霊がメッセージを伝えるために起こしている異変の場合は、そのメッセージを伝える。悪霊に襲われ取り憑かれている場合は悪霊を戒め、それを取り払う。悪霊祓いは神懸かりも激しく、時間もかかり、ネーシの体力消耗は激しい。未熟なネーシの場合は取り憑かれる恐れもある。神が祟っている場合はお詫びをして許しを請う。許しが得られないときは神楽を上げてお詫びをする。それでも許しが得られないときは御幣を奉納してひたすら詫びた。

障りではない病気のときは神々に回復を祈願する。その時、既に故人となっている祖父母達が子孫の病気を介してこの世の人に語りかけるときがある。

五　結論

薬草等の手養生は、聞き取りで得られた情報以外にもあるかもしれない。心身に起きた異変への対処は、灸や薬草等を用いる他に、ネーシ（内侍《ないし》・巫女）の祓いを受けていた。治療対処行動は地元医療資源を用いた伝統的なセルフケア、ホームケアである。

事例に共通するのは、ネーシの祓いに対する信頼感と効果の承認である。頭が痛くても、腹が痛くても、ネーシに撫でてもらうと不思議に良くなっていたと話す。ネーシの病気の祓いは、神懸かりしながら祓う相手の体を数珠で撫でる動作が中心である。数珠の玉が祓いのために擦り切れて半分に減っていたことや、認知症が始まっている高齢の母親が、息子に「具合が悪かとならネーシババを頼んで来ようか」と言ったことなどからも分かるように、ネーシは極自然に受け入れられ、頼りにされていた。

ネーシを必要とし、必要とされた理由には、ネーシを必要とする病気観や世界観がある。突出しているのは霊の関与である。第一の要因は霊、第二の要因は神である。しかし、身体の不調や病気は必ずしも霊や神の障りによってのみ引き起こされるわけではない。障りではない病気のこともある。また麻疹や水疱瘡のように免疫を獲得する感染症については別枠に位置づけている。

霊の関与は、この世の人に感謝の気持ちを伝え、話がしたいために異変を起こす場合もあるが、問題となるのは悪霊に襲われ取り憑かれた場合である。また神の怒りに触れた場合である。身体に異変を起こしている原因が、どれに属するかはネーシの祓いを受けて初めて分かる。

障りではない病気のときは、ネーシは神々に良くなりますようにと祈願する。障りの場合はその原因によって、メッセージを伝える、詫びる、戒める、追い払う等の祓いを行う。霊や神の障りの場合は、ネーシも島民も神様の力、つまりネーシの祓いが必要だと考えている。

伝承者はどこにでもいる普通のおじさん、おばさん、おじいさん、おばあさん方である。普通に病気を受けとめ、普通に医療機関で治療を受けている方々である。過去の病気認識である、病気を引き起こした事象を、不思議な事として信じ話す。

さて悪石島の盆では、精霊を送った翌日にボゼを出す。[33] 見るからに恐い風貌をした来訪神ボゼが見物人を威嚇し、手に持つ緩やかな曲線の長い棒で赤シュイ（赤土を溶かした汁）をつける。なぜ、盆にボゼを出すのか、その理由を聞いたとき、私はボゼの悪魔払い（悪霊・厄・邪気払い）の意味が初めて、「そういうことか」とストンと腑に落ちた。

Sさん（一九三二（昭和七）年生まれ）は、盆にボゼを出す意味について、次のように話した。

盆には悪霊、悪いものも寄ってくる。祭ってくれる人のいない霊、祭ってもらえない、分からない人達の霊や悪いものも寄ってくる。そういう霊をボゼに追っ払ってもらうために、お盆の最終日にボゼを出す。ボゼには追い払う力がある。ボゼが赤シュイを付けるのは、ボゼのように魔を払う力が付くように、運が良くなるようにというお守りのような意味で付けるのだ。ボゼに赤シュイを付けられると「良かったが」と言われるものだった。

同様の言い伝えは、下野敏見の報告に「古老は、『ボジェは仏の残りを追い払って、村を清めるカミである』と語ってくれた」とある[34]。

病気認識に特徴的なのは災いをもたらす悪霊や神の存在である。盆に招いた霊が居残り悪霊となって人間に災いをもたらす。招いた霊が居残ることはあってはならないことだったのである。ボゼに追い払ってもらう「魔」とは、災いをもたらすおそれのある「居残り霊・悪霊」である。「運が良くなる」とは「悪霊に取り憑かれない、病気にならない」ということである。ボゼが見物人を威嚇し、手に持つ棒で赤シュイを付けるのは、悪霊を追い払う力を持つ、ボゼの力を得るための感染呪術である。

神々を迎える「ヒチゲー」行事では、神々がそれぞれの住まいに戻る最終日の夕方、「ボゼの足焼き」と称し、集落内にあるボゼ石を焼く。集落北側にボゼ山があり、その南側に広がる集落内に、大人が一抱えするくらいの石が二つある。それをボゼ石という。その石の下面を焼く。つまり、ボゼの足を焼いてボゼを覚醒させ、居残っている邪悪なものを追い払ってもらおうとしたことが分かる。盆に出すボゼが先にあったのか、それとも邪悪な物を追い払う力を持つ「ボゼ」というものがいると考えられていて、盆のボゼはそれを具現化したものであるかは分からない。

ボゼには悪魔払いの他に、子宝に恵まれるという子宝伝承が紹介される。近年はこちらの伝承をメインに紹介される傾向が見られるが、おそらく子宝伝承は後付けで生まれた伝承だと考える。

第十一章　現代（近代）医療の受容過程

一　はじめに

伝統的に行われていた治療対処行動は、灸や薬草等による手当てとネーシ（内侍《ないし》・巫女）の祓いである。地元医療資源を用いて対処する以外に選択の余地はなく、好むと好まざるにかかわらず、制限された健康希求行動パターンが強いられていたと言える。

十島村に近代化の波が押し寄せるのは、第二次世界大戦終戦後、米軍政下から日本復帰した一九五二（昭和二十七）年以降である。悪石島に看護婦が常駐する簡易へき地診療所が開設されたのは一九六三（昭和三十八）年である。初めて赴任した看護婦は五年間在島した。この期間は、治療対処がネーシ（内侍・巫女）の祓いから現代医療へと移行する期間でもある。

本章では、現代医療が治療対処の中心に位置づけられるようになるまでの過程を、米軍政下時代から簡易へき地診療所が開設されるまで、簡易へき地診療所開設と利用状況、病気の祓いに活躍してきたネーシ（内侍・巫女）の存在はどのように解消されていったのか、段階を追って検討してみたい。

二　医薬品の使用

（一）越中富山の売薬

昭和の初期から越中富山の薬売りが来島するようになり、薬はその時に購入した。ヨードチンキとか正露丸等を詰めた袋を置いて行った。再び来島するようになったのは日本復帰後で、昭和三十年には来ていた。富山の薬にはずいぶん助かった。

村営航路が開設されたのは一九三三（昭和八）年である。越中富山の薬売りは村営航路開設に伴い、来島するようになったものと推測する。七島の島々は小離島である。利益が得られるような人口ではない。島に渡るのにも不便な、超へき地の七島にまで薬を届けていることに驚く。日本国中津々浦々まで薬を届ける、越中富山薬売りの方針だったのだろうか、何らかの行政の関与があったのだろうか。

（二）学校の救急薬品

戦前に学校に医薬品が送られてくることはなかった。それで治療を受けた記憶がない。米軍占領下時代、名瀬に駐屯していた米軍からは、缶詰や衣類が送られることはあったが、薬品が送られてくることはなかった。大島郡政府からはきていた。

日本復帰後は、学校に送られてくる救急薬品で教員から治療してもらうこともあった。

(三) W氏(一九一七(大正六)年生まれ)による治療

一九五〇(昭和二十五)年、元衛生兵だったW氏によって初めて注射が使用された。W氏は、一九四六(昭和二十一)年二月に来島した島外出身者である。当時、注射は多くの島民にとって未知のものであった。彼が海岸に打ち寄せられた難破船の救急薬品の中から、使用可能な物を選び出して使い始めたとき、中には「注射をすると何年か命が縮まる」などの猜疑心を示す人もいたそうである。内地に行ったことのある人が積極的な姿勢を見せ、その効果を見て初めて他の島民も柔軟な態度を示すようになった。

彼の治療にまつわる次のような話を聞いた。目が赤く腫れ、眼病に罹った女性が、従来通り何かの祟りだということでネーシに祓いをしてもらったが一向に良くならず、こんなことをしていると盲になると思い注射を打ってもらった。すると次の日には薄く目が見えるようになり、その効果に驚いた当人は猜疑心が晴れ、それから積極的に彼の治療を受けるようになった。

頭部に外傷を負った人の出血に驚いたネーシが、そこにあった汚い雑巾を傷に当てようとするのを見て、その場に居合わせたW氏がネーシを突き飛ばして処置をしたことがあった。

低学年の男子生徒が虫歯から炎症化膿を起こし、顔面が腫れ上がり、高熱を伴う危険な状態に陥った。初代校長が親を説得し、念書を取った後、職員室でW氏が切開排膿した。その後、生徒はみるみるうちに快復し元気になった。等々。

戦後、地元に帰還した衛生兵が傷病の手当てに活躍した話題は数多くある。W氏は看護婦が常駐する簡易へき地診療所が開設されるまで、請われる形で治療を行っていた。娘が度々お世話になったというAさん（一九三二（昭和七）年生まれ）は、薬品代を支払っていた記憶がないという。W氏が使用していた医薬品箱の印字には、「救療箱」「恩賜」「鹿児島」などの文字が読み取れる（口絵写真vii参照）。日本復帰後の薬品入手の経緯については分からないが、無医地区へき地への医療援助として、医薬品が送られた可能性もある。W氏は簡易へき地診療所開設後も、看護婦不在時に怪我人や病人が出ると呼ばれている。

米軍政下時代を振り返り、Aさん（一九一〇（明治四十三）年生まれ）、Mさん（一九一四（大正三）年生まれ）は次のような話をした。

「内地からは何も買うことはできず、払い下げのポンポン船で奄美大島の名瀬まで買い出しに行っていた。その頃までは、どうしようもないから、呪《まじな》いでもせんならと色々していた」、「食糧難のために奄美大島、中之島、平島から悪石島の親戚を頼ってくる人もいた。中之島、平島より悪石島の方がまだましだった。中之島では餓死する子供もいたと聞いた」、「日本復帰後はいろいろな薬が送られてくるようになり、新しい情報が入り始め、開けてきた」。

悪石島では伝染病流入予防のために、「入島時の魔ばれ」と「時《とき》の神楽」を行っていた。「入島時の魔ばれ」は一九五二（昭和二十七）年まで、「時の神楽」は一九五三年まで行っていたそうである。

三　日本復帰後の保健医療対策

国は無医地区等住民の医療を確保し、へき地における医療水準の向上を図ることを目的に、一九五六（昭和三十一）年度からへき地保健医療計画を策定している。第一次は七カ年計画で出されたが大体五年ごとに無医地区調査を実施し、その結果を踏まえ、次の年次計画を立てている。へき地診療所の整備は第一次計画から施策にあげている。

鹿児島県は十島村・三島村が一九五二（昭和二十七）年二月に、奄美群島が一九五三年十二月に日本復帰すると、両地域のへき地医療対策として、一九五六（昭和三十一）年度から無料巡回診療を実施している。無医地区住民に対して、定期的に医療の機会を与え、合わせて当該地区の公衆衛生の向上をはかることを目的とした施策である。[35]

鹿児島大学医学部による十島村・三島村巡回診療は一九五八（昭和三十三）年度から、県立医療機関による巡回診療は一九五九（昭和三十四）年度から始められている。十島村・三島村は県立鹿屋病院と加治木保健所が担当している。健康診断（結核検診）が実施されるのは一九六〇（昭和三十五）年度からである。

巡回診療は学校の教室が臨時診療所となった。Aさん（一九三二（昭和七）年生まれ）は巡回診療の思い出について、「当時煙草をよく吸っていた。十年先、二十年先を考えて、吸い過ぎないように量を減らしたほうが良いと指導され、それを守った」と話した。健康診断（結核検診）のレントゲン検査は艀で本船に移動し受けた。

当時の衛生状況は、蝿、回虫等の寄生虫、頭虱《あたましらみ》、蚤《のみ》など、衛生環境に問題が多かった。保健所による保健衛生指導では蝿や寄生虫の駆除、栄養改善、生活改善指導等が行われた。以降、鹿児島大学、県医師会、県歯科医師会等関係機関等の協力を得ながら、へき地巡回診療および保健衛生指導が実施される。

鹿児島県は国の施策を受け、一九五九（昭和三十四）年度から該当市町村の実情を勘案しつつ、「離島へき地医療体制」の整備を進めてきた。

焦土化した戦後の混乱期には、少なからず日本国中が大変な状況にあった。十島村の戦後復興が始まるのは日本復帰後である。全国に遅れること十年経過後にようやく始まる。

四　看護婦常駐の簡易へき地診療所開設

日本復帰の年に宝島、翌年に中之島に診療所が開設される。両診療所には医師が常勤していた時期もある。[36] 悪石島に看護婦が常駐する簡易へき地診療所が開設されたのは一九六三（昭和三十八）年である。診療所開設は島民の悲願でもあった。

悪石島に初めて赴任した看護婦は当時二十八歳、教員の妻である。彼女の来島の事情は、役場からの要請で、妻が看護婦である教員に打診し、彼等の承諾を得て派遣してもらったものである。彼女は五年間在島した。彼女の五年間の在島期間は、ネーシの祓いから現代（近代）医療への移行期でもある。また最も多くの治療対処行動が見られた時期でもある。

当初の診療所や看護婦に対する反応および利用状況、それまで病気祓いに活躍してきたネーシとの関係に問題は起きなかったのか、話を伺った。インタビューは一九八三（昭和五十八）年および一九九一（平成三）年に行ったものである。

（一）前期

（私が）行った当時は、ネーシの存在や土地柄が分からず戸惑った。初めは若い女の人が来てという感じもあったのか、診療所の利用状況は少なく、村《むら》（集落）の顔役の人が役場から頼まれ、島民へ利用するよう働きかけていたようだった。

例えば、外科的処置以外、病気になると初めにネーシを頼み、それでも良くならないときに看護婦を呼びに来るという感じだった。

ある男の子が眉間に傷を負い、二、三針縫合しなければならなかったとき、S氏（覡《かんなぎ》）が「爺が拝めば痛くなかで」と、縫合するそばで拝んでいたことがあったが、それ以外には外科的処置の場にネーシはいなかった。しかし、内科的には一緒のことが多かった。看護婦だけに完全に任せないで、必ずネーシも呼ばれていた。つまり、看護婦が呼ばれて行ったときには、既にネーシも来ていたということである。

私事だが、一年目ぐらいの時だったと思う。子供を起こすと、起きるがすぐ眠る。何も食べようとしない。熱もないし少し様子が変だったことがあった。仕方がないのでおぶって往診に行った。途中で会った覡に、「この子はおかしいから婆ちゃん（覡の母親でネーシ）に拝んでもらえ」と勧められて、試しにと思いネーシに拝んでもらったらすぐ良くなった。

この時、ネーシを訪ねるのを見ていた人に、「看護婦さんがネーシを訪ねるとは」と笑われたが、ネーシを訪ねたことは結果的には良かったような気がする。

ネーシの方のことは、心理的な面での治療だと考えていた。また、朝夕お会いするおばさん方ですから、特別にどうこう思うことはなかった。ある方が難産で、その時は二人のネーシの方が熱心にいろいろとネーシの勤めをされ、その姿は今でも鮮やかにいろいろ思い出されます。私にしても、一人で分娩を取り扱うわけだから、とにかく皆一生懸命だった。その時も邪魔になることなく、されることなくだった。

看護婦がネーシの祓いを受けたことについて、悪霊・死霊・生霊の存在とそれがもたらす災いを信じているある老人は、看護婦がネーシの存在を認め訪ねたことを高く評価していた。ネーシは長い間、島民の精神的支柱として活躍し、ネーシと島民の関係は密接なものであった。もし、彼女がネーシの祓いを非科学的なものとして否定する言動や行動を取っていたなら、たぶんその後の関係はうまくいかなかっただろうと考える。

Mさん（一九三七（昭和十二）年生まれ）は、ネーシである母親と看護婦さんとの忘れられない思い出があるという。「某家に奄美大島から遊びに来ていた親類の具合が悪くなり、確かその人は亡くなったという記憶がある。看護婦さんが母に来てほしいと呼びに来た。母はもうネーシの時代ではないからと断ったが、ぜひと言われて一緒に行った」

ネーシの存在価値、役割を冷静に受けとめ、否定も批判もしなかったことが、特別問題となるようなトラブルもなく、相補関係を成立させた理由であると考える。

(二) 後期

大体一年ぐらいして土地になじみ、島民との間に人間性の触れ合いができてきた頃から、診療所を利用する人が増えてきた。また、外科的処置を通して信頼が出てきた。例えば、この頃から公的土木工事の発注が相次ぎ、大きな外傷を負う人も出てきた。その外傷に対する応急処置が島外病院の医師から評価されると、そのことが私に対する信頼に繋がった。

失敗のなかったことが、とてもラッキーだったと思う。信頼が出てくると、次第に、初めに私を呼びに来て、それでも良くならないときにネーシを頼むという動きに変わり、自然に治療を任せてくれるようになった。しかし、家庭によっては必ずネーシにも拝んでもらっていた。

人間関係が構築されるに従い徐々に診療所を利用する人が増える。しかし、治療の担い手としてのネーシの存在感は健在で相補関係が成り立っていた。この過程を島民の側から考えてみる。

看護婦が赴任した頃には、既に現代医療に対する認識や経験はあった。鹿児島市内の病院で治療を受ける人もいた。少なくとも、この頃には注射に対する猜疑心や拒否を示す人はいなかったと考える。しかし、悲願であった看護婦常駐の診療所ができたにもかかわらず、当初は積極的に利用する動きはなかった。

それは看護婦本人の推測にあるように、見ず知らずの若い看護婦に対する警戒感があったと考える。つまり人間性と技術の両方に警戒感があった。また、現代医療に対する信頼感は、まだ不確実なものであり、ネーシの祓いに安心感を得たい感情もあったと考える。回数は激減したが、その必要性は依然として支持されていた。

診療所を利用する人が増えていった理由には、看護婦の人柄に対する好感度、怪我人に対する適切な応急処置が技術に対する信頼に繋がった、看護婦から受ける治療は治りが早いという治療効果、島外との交流や情報流入によって芽生えた価値観の変化等があげられるであろう。

五　結論

現代（近代）医療を受容していく過程を、段階を追ってみてきた。灸や薬草、ネーシ（内侍《ないし》・巫女）による祓い等、伝統的な治療対処行動に変化が見られたのは、米軍政下時代に初めて注射が用いられたことである。

七島の近代化が始まるのは米軍政下から日本への復帰後である。近代化への過程は現代医療の導入過程であり、住民の現代医療学習期でもある。注目しておきたいのは、この間に少なからず住民の健康問題にかかわってきたのが、無資格者ではあるが医療知識を持つ衛生兵経験者や小中学校教員であったことである。

診療所が開設された当初、住民の間には積極的に診療所を受診する行動や、受診するタイミングがつかめない戸惑いの姿があり、この時期は最も多くの治療対処行動が見られた時期でもある。

医療に対する抵抗感がなくなり、積極的な姿勢を見せるようになってからも、ネーシの祓いが消えたわけではない。病状がなかなか快復しないとき、精神の混乱が見られるとき、身体不調の発生に違和感があるとき等は、変わらずネーシの祓いを求めた。回数は激減したが、その必要性は依然として支持されていた。その理由は、島民の病気観に関係すると考える。島民は傷病を引き起こす原因をおおよそ次の三つのカテゴリーに分けていた。

①霊の関与や神の祟り、②単なる病気や怪我、③感染症、である。②と③は現代医療の領域で、①はネーシの領域である。つまり、①は医学の力の及ばない領域、ネーシでなければ治せない領域である。このように分けて考えることによって看護婦、ネーシ双方の存在意義を認めたのである。

またネーシの病気の祓いは、神懸かりの中で神々に良くなるようにと祈りながら、相手の体を数珠で撫でる動作が中心になる。悪霊が憑いている場合は縁側から屋外に向かって追い払う行動をする。信頼関係を築いてきたネーシに拝んでもらう（撫でてもらう）ことには安心感がある。しかし、ネーシの祓いは高齢ネーシの引退とともにやがて自然消滅していく。

初代看護婦が在任した五年間の時期は、島の近代化が急速に始まり、島の社会的・経済的変化が急速に進行した時期と重なる。ネーシの継承がパッタリ途絶えたのもこの頃である。その周辺要因にあるのは、島の近代化とそれに伴う価値観の変化である。島のため、人のためにという使命感によって支えられてきたネーシの活動は、経済力、交通事情の改善、生活の向上、テレビ等のマスメディアが提供する情報等により、神頼みの必要性を減少させた。しかし、霊の関与や祟りが完全に否定されたわけではない。必要性を感じた場合は鹿児島市内の祈祷師を訪ねている。

十島村に国民健康保険制度が発足するのは一九七四（昭和四十九）年である。一九八一（昭和五十六）年には日本赤十字鹿児島病院が十島村のへき地中核医療機関に指定され、現在まで定期的に巡回診療が行われている。また、こども病院の出張診療も行われている。急患対応は救急ヘリ搬送が機能している。

人口は半分に減少したが、生活環境は大きく変化した。港湾整備が進み、フェリーが接岸できるようになった。船便は週二回鹿児島市と奄美市間を往復する。五月の連休や盆の時期、健診時は三便に増便する。住民は地方在住者が鹿児島市中心部に出かける感覚で、鹿児島市内や奄美市と行き来し、健診や巡回診療で紹介された医療機関をかかりつけ医としている。インターネット環境が整い、へき地や離島であろうとも生活レベルや情報に大きな差はない。

かつての薬草等による対処は医療機関で処方される薬や市販薬、健康食品に替わり、個人間で据え合う灸は行われなくなった。医療資源の選択は自由であり、健康希求行動は住民の健康に対する信条や判断に基づき自由に決定されている。

第十二章　鹿児島県内他地域における伝統的治療対処行動

一　はじめに

現代医療が治療選択肢として一般化されるまで、悪石島では身体に生じた異変に対して、薬草等を用いる他に必ずネーシ（内侍・巫女）の祓いを受けていた。では、鹿児島県内の他地域では、どのような治療対処行動を選択していたのだろうか。一九九四年から二〇〇八年にかけて収録した地域事例で検討してみる。収録地域は大隅半島の大崎町、薩摩半島の南さつま市、北薩地方の伊佐市、種子島西之表市、屋久島、鹿児島郡三島村、十島村小宝島、奄美大島、加計呂麻島、喜界島等である。話を聞いた方々は明治・大正・昭和一桁生まれの方である。

民間療法の報告は数多くあるが、本章は筆者の調査情報を用いて論じる。

二　薬草等による手当

（一）傷の手当て

ア、小傷

・血止めにはフツ（ヨモギ）を揉んでつける。
・鳳仙花を揉んでつける。
・高菜の汁でタデル（撫でつける・湿布する）。
・傷口を焼酎で洗う。
・スミガヤの葉を三枚潰して切口につける。血止めになる。畑で傷をしたときに三枚取って来なさいと言われた。
・ソテツの実をくりぬいて塗る。
・アロエを塗る。

イ、大傷とヒエ（化膿・炎症）予防

・少し深い傷にはツワ（石蕗）の葉を焼いたので覆って蒸す。
・米粒とヘグロ（竈の煤）と伊勢海老の殻を焼いた粉を混ぜて生傷につけて湿布する。毎日替える。
・伊勢海老の堅い殻を焦がして炭状にし、ご飯かメリケン粉（小麦粉）と練って傷に付ける。伊勢海老の殻は吊るして乾燥させて保管していた。

・ワラスボ（稲藁）を焼いて、灰と種油を混ぜて傷に塗る。
・貝殻を焼いてご飯を練ってつける。
・オオバコとヨモギを陰干しにして煎じて飲む。
・グミの木を煎じて飲む。生木の幹（年数のいったところの幹）を握りこぶしで握った長さだけ切って、皮ごと煎じて飲む。
・温泉に入って治す。
・斧で切ったような切り傷には自分の尿をかける。それで治ったのを知っている。
ウ、ヒエ（化膿・炎症）が入ったとき
・卵白と小麦粉を混ぜて酢を入れて、患部に塗って布で巻く。
・卵白を紙につけて貼る。
・水仙の球根をすって小麦粉と混ぜて塗る。
・水仙の球根のドロドロを取り出して塗る。
・小麦粉にクチナシの実を潰して、煙草の灰を混ぜてつける。傷口を少し開けてつけると膿汁を吸い出す。
・赤く腫れて痛いときは、膿を出すためにドクダミかツワ（石蕗）の葉を炙って貼る。膿が出たあとはオオバコの葉を揉んで貼る。
・浜ミカンを炙って薄皮を剥いで貼る。
・伊勢海老の背の堅い殻を黒焦げに焼いて粉にする。トベラの木の葉も黒焼きにして粉にする。それらを混ぜて、ご飯粒と練り合わせて傷口に塗る。布で巻いて毎日取り替える。

エ、カチョウフ（破傷風）
・濃い目に溶いた味噌を飲ませる。
・グミの木を煎じて飲ませる。ニンニク酒も良い。
・釘を焼いて、熱いのを傷にあてる。

オ、火傷
・火傷や傷には笹炭をつける。石を三個置いて竈を作る。その上に直系十五㎝ぐらいに束ねた竹笹を三、四束置き、笹が隠れるぐらいに土を被せる。下から火を焚き、笹炭になるまでカラカラに焼く。できた笹炭をすり鉢に入れて粉炭にし、それを傷につけてタオルなどで巻く。毎日粉炭を付け替える。四、五日で良くなるが瘢痕《はんこん》（キズアト）は残った。
・メリケン粉と卵の白身と川ミナを焼いて粉にしたものを混ぜて塗る。
・アロエや馬油をつける。アロエのヌルヌルをつけると水ぶくれにならない。

（二）骨折・捻挫の手当て

ア、マンネングサ（スイカズラ科ニワトコ属のソクズ）の生葉を炙って、汁が出るまで叩いて潰し、塩とカライモとご飯を混ぜて湿布する。「マンネングサは骨まで接《つ》がる」と言われていた。
イ、水仙の球根、クチナシの実、ドクダミ、オオバコ、卵、小麦粉、焼酎をすり鉢で練って湿布する。
ウ、メリケン粉（小麦粉）、ハイビスカスの花、焼酎、田ミナ、銀杏を擦って混ぜ合わせ、湿布する。
エ、小麦粉を酢で練って貼る。

オ、湯治に行く。歩いていけない人はモッコ（担架）で運んだ。モッコは竹で編み、人を乗せる部分だけカマスを使った物もあった。

（三）筋肉痛の手当て

ア、脚の疲労・痛みには瓦を焼いて、それをヨモギで覆い、布に包んで脚を温める。
イ、ヘキ痛（肩こり、背部痛）、腰痛、関節痛、疲労感、打ち身にはヤイト（灸）を据える。
ウ、温泉に入る。

（四）風邪症状の手当て

ア、風邪をひいたときはダイダイを搾って風呂の中で飲ませる。
イ、イボタンの木（ネズミモチ）の実を焼酎に漬けておいて飲む。
ウ、生生姜をすって飲む。
エ、ダイダイの搾り汁に砂糖を入れて飲む。
オ、ハマボウフウの根を煎じて飲む。
カ、オオバコとヨモギを陰干しにして、煎じて飲む。
キ、グミの木を煎じて飲ませる。妊婦は薬が飲めないのでクビ木（グミの木）を飲むと良い。
ク、おじやとか熱いのを飲ませて汗を出させる。汗があるから悪い。風邪のときは汗を出すために体を温める。ソテツの赤い実やキャッサバのデンプンは体が温まって良い。

ケ、背骨の両脇一寸、下二寸のところにヤイトをする。
コ、発熱
・熱を出したときは頭を冷やして体を冷やさない。餅米の粥などを与える。
・子供が熱を出したときは、額を水で冷やす。体全体を塩でマッサージする。熱が取れると塩が乾燥しカラカラになる。
・胸に温湿布をして、額は冷やす。
・メリケン粉と酢を混ぜて、足の裏に湿布する。
・生のヨモギをジュースにして飲む。
サ、ノボセ（口内炎や口唇に湿疹ができる）
・蜂蜜や黒砂糖をつける。
・頭のてっぺんに椿油をつける。
・口唇の荒れには囲炉裏で生木を焼いて出る汁をつける。
・アサチ（朝露）をつける。
シ、鼻づまり
・右の鼻が詰まったら左を下に、左のときは右を下に寝る。
・鼻づまりのときはヤカンの湯気に当たる。
ス、咳がひどいときは灸をする。
セ、喘鳴《ぜんめい》

・ニガウリの根とタマネギの薄皮を煎じて、お茶代わりに飲む。
・お湯を沸かして塩湯を作り、タオルに浸して胸に湿布をする。

（五）頭痛の手当て

ア、イボタンの木（ネズミモチ）や実を煎じて飲む。
イ、コビン（こめかみ）に梅干しを貼る。
ウ、コビンやサラ（頭頂部）にベン（塗り薬の白紅・赤紅）をつける。
エ、障子紙に塩を包んで、頭のてっぺんにカラカラになるまで置く。

（六）胃・腹痛・下痢等、消化器系症状の手当て

ア、シャッがセク（胃痛）ときはマムシを漬けたマムシ焼酎を飲む。
イ、アロエを擦って食べる。
ウ、胃痙攣を起こし、吐き気と痛みがあるときは、ヨモギの葉を七枚すり潰して汁を飲む。よく効いていた。
エ、酢卵を飲ませる。
オ、腹下し・クダイ腹（下痢）のときは梅酢を飲む。
カ、ゲンノショウコや萩の葉を煎じて飲ませる。
キ、ドクダミを陰干しにして煎じて飲ませる。
ク、キワダの木の皮を煎じて飲ませる。

ケ、カンネカズラ（葛）の根でデンプンを作り、黒砂糖を入れて、水で溶いて飲ませる。カタクリを水で溶かして飲む。ソテツの実のデンプンが一番良い。

コ、何も食べない。ハラヒリ・ハラヒリカブイ（下痢）のときは、食事はあまり与えない。水を好むけど少なめにやって、できるだけやらない。お茶とか白湯はわりあい飲ませてよいと言われていた。

サ、ヤイト（灸）をする。冷やさないで温める。

シ、臍の上に味噌をのせて、その上にモグサを置いて灸を据える。

ス、センダンの木の皮を剥いで、煎じて飲む。

セ、瓦を焼いて、それをヨモギで覆い、布に包んで腹を温める。

ソ、カンゲ（サナダムシ）、ケチョ・クェチュ（回虫）には臍にベン（塗り薬の白紅・赤紅）をさす。

タ、マクイ（海人草）を煎じて飲む。

チ、脱肛には炙ったツワ（石蕗）の葉を当て、静かに押し込む。

ツ、痔には大根葉を湯がいて陰干ししてお尻に当てる。

（七）突き目や目の炎症の手当て

ア、目にゴミが入ったときはおっぱい（乳汁）を目に入れる。

イ、目を突いたときは、インガネ（イヌカズラ）の蔓を吹いて汁を目に入れる。

ウ、ヤンメ、ハヤイメ（流行性結膜炎）のとき

・キワダの木の皮を煎じて、ガーゼに浸してタデル（撫でつける）。

・ホウ酸を湯に溶かして脱脂綿に浸してタデル（撫でつける）。
・おっぱい（母乳）を目に入れる。
・子供の尿をタオルにかけて、目に入るように拭く。
・自分の小便を茶碗に取って、それで拭く。

エ、メタンダレ（目のただれ）

・朝露で洗う。
・インガネ（イヌカズラ）の蔓を五または六cmの長さに切って、それを目の中にぷっと吹き入れる。蔓の汁が効く。
・スズメバチ、クマバチを焼酎に漬けておき、それで目を拭く。
・メグスリノキの葉をもんで目を拭く。
・目ガサにはジミ焼きをする。目ガサとは目のただれ、目ヤニ、カスミ目等の眼病。目ガサの人には、背中に木綿針ぐらいの大きさの汗疹様の点がたくさんできる。それに五円玉の穴を当て、モグサを置き、小皿に椿油か菜種油を入れて、ジミ（藺草の茎の柔らかい芯）に染みこませ、それに火をつけて灸を据える。

オ、メモイ、メモレ、イモイ、インモレ（麦粒腫）

・ワラスボ（竈の縁の細い藁）で涙の出る穴を突っつく。
・髪の毛を塩水で洗って、涙の出る穴を通す。上瞼にできたときは上の穴を、下瞼のときは下の穴を通す。
・馬の尻尾の毛で涙の出る穴を突っつく。
・スミカン（ミカンの一種）のトゲで膿をもっている先端を潰す。

・針先を焼いて膿をもっている先端を潰す。
・櫛を火で炙って、それで擦る。
・ツゲ櫛を畳に擦りつけて、熱をもたせて目に当てる。
・母親のお腰の裾で目を拭く。
・着物の裾に唾をつけて、それで目を擦る。
・喜界島ではインベーという。ガジュマルの葉に傷をつけて出た白い液をつける。二回か三回つけると治る。
・右目にできたら左の肩に、左目にできたら右の肩に小さなニキビみたいなものができる。それを針で引っかけて取ると治る。筋みたいなものを切る。

（八）皮膚炎の手当て

ア、蜂に刺されたら朝顔の汁か芋柄の汁か尿をつける。
イ、臍の痛みや痒みがあるときは、掻くとバイ菌が入るから川ミナを焼いて粉にしてつける。
ウ、ネブト（セツ・ヨウ）
・オオバコまたはホタルブクロの葉を炙って、揉んで貼りつける。先が尖ってきて膿が出る。
・彼岸花の球根を擦ってつける。
・ドクダミの葉を揉んで傷口につける。
・ガラッパ草（ドクダミ）をツワ（石蕗）の葉に包んで、囲炉裏の灰に入れて蒸して、それをつける。汗疹にも効く。

・ハマユウの葉を剥いで焼いて温めて貼る。
・乾燥させたドクダミを焼酎に漬けて飲む。または煎じて飲む。
・ヤイト（灸）で治す。芯が出て治る。
・ネブイチ（セツ・ヨウ）の膿が出るようになってから、マムシの皮を剥いで乾燥したものを水で戻して軟らかくして貼る。

エ、アセモ（汗疹）
・ガラッパ草（ドクダミ）をツワ（石蕗）の葉に包んで、囲炉裏の灰に入れて蒸して、それをつけると効く。
・温泉に入る。
・頭のカサ（湿疹）には、ツワ（石蕗）の葉を湯の中に入れて蒸して、汁をつける。

オ、股ずれにはガラッパ草（ドクダミ）をツワ（石蕗）の葉に包んで、炙ってつける。
カ、陰部のただれにはガジュツの粉を塗ると二日か三日で治る。
キ、昔は子供のミンダレ（中耳炎）が多かった。ミンダレの草（正式名称は未確認）を揉んで、耳の中に汁をたらかす（垂らす）。大人になると治っていた。
ク、しもやけには水仙の根を潰して塗る。
ケ、蟻に刺されたときは歯のクソ（歯垢）をつける。
コ、虫刺されにはユキノシタの葉や根を焼酎に漬けて、それをつける。
サ、イボ（疣）にはイチジクの汁をつける。ナスのヘタを擦りつける。
シ、水イボにはイボの回りに大きなエツ（灸）をして、枯らしていく。

ス、タイ・タン・タニ（帯状疱疹）

・麻の葉を黒焼きにして、粉をブツブツにつける。

・水が敵だから水に触らない。

・黒粟を焼いて、赤土と混ぜて湿布する。

・タンカズラの葉を揉んでつける。

・山葡萄の蔓を五寸ぐらいに切って、泡状の汁を吹き付ける。広がらないように周囲からつけて真ん中は最後につける。

・ハッポウスイジン（八方水神）、イドウスイジン（井戸水神）、アブラモンケンスワカ、と呪文を唱えながら肩の先にエツ（灸）をする。

・ブツブツの回りにエツ（灸）をする。両端に灸をして広がらないように止める。

・習字の墨をつける。

・菱刈町のお寺で薬を貰ってつけていた。

（九）その他

ア、蓄膿

・陰干ししたドクダミを薄く煎じて、お茶代わりに飲む。

・ユキノシタの生葉を揉んで鼻に詰める。

イ、尿が出なくなったら、ハブ草を陰干しにして煎じて飲ませる。

ウ、産後になかなか起き上がれなかったり、頭が痛かったりする婦人病のことを血のヤンメと言う。十月頃出る孟宗竹のツノンコを、薄皮まで剥いでから刻む。ツノンコ三個、竹炭湯飲み半分、米粉を盃半分または米のとぎ汁を混ぜて煎じる。その煎汁を週に二回ぐらい飲むと良く効いた。

エ、ホオバレ（頬腫れ）、ミンブクリャ（耳腫れ）、おたふくかぜ

・メリケン粉と卵白と酢を混ぜて、木綿布にのせて湿布する。

・タオルを焚いて（煮沸）絞って胸から腹に当てる。

・（その姿を見て）笑えばうつる。

オ、水疱瘡

・外から養生はしない。中から自然にブツブツが出てくると治っていた。

・油薬をつけたらいけない。水をかけない。潰れたらいけない。潰れたらテンカフンをつける。

カ、ハシカにはズイ玉の根を刻んで煎じて飲ませる。大人になってからすると命をかこむ（命にかかわる）。

キ、ヨモギを乾燥してお茶として飲むと血圧が下がる。

（十）象皮病、フィラリア

ア、奄美大島の事例

・クサは昭和二十年頃まであった。寒さがきて震える。背中にヤイトをする。

・クサフルイは昭和三十年頃まで見かけた。熱が出て震える。

イ、喜界島の事例

・サッカは熱が出て震えて、体のどこかが膨れてくる。
・サッカは足が腫れる。サヤミ・サフルイは陰部が腫れる。四日か五日熱が続く。ハジンサは耳の裏から下、肩が腫れる。熱が出て赤くなる。女性が罹っていた。戦後直後まであった。
・サンベエは足が腫れる。ハジンサァは耳の後ろから腫れて元に戻るが時々再発する。タクフッカーは陰嚢が腫れる。最初寒気がして熱が出る。
・サフッカァは治らない。
・戦後すぐ、祖父がサーヤミに罹り、高熱で一日中震えがきて二日くらい続いた。下腿が腫れてきた。伝染病だと思い、孫などを近づかせなかった。阿伝地区は足が腫れる人だけで陰嚢が腫れる人はいなかった。
・サンベエは足が、シンチは陰嚢が腫れる。体を休める。
・シンチャニャー、サーヤニャー。足の腫れた人は女の人で見かけた。

ウ、種子島の事例

・ウツボ。大正時代初期の頃まで大きな足を引きずって歩く姿や、陰嚢が腫れて胡坐をかいた上に乗せるぐらいに腫れた人などを見かけた。治療法はなかった。

エ、小宝島の事例

・クサの病気は震えがくる風土病。首クサは肩凝りがすると首のリンパが腫れる。熱が出て一日ぐらいで治まった。無理をすると出てくる。足のクサフルイ、手のクサフルイは足とか手に傷を作って、腫れて震えがきて熱が出る。

（十一）熱射病の手当て

ア、奄美大島の事例

・急カゼ（熱射病）は子供に多かった。日中、畑仕事をしていて急に熱が出る。熱が一週間続く。亡くなった人もいた。体は温め、頭は冷やす。

・急に命を取られるので急いで背中、足、手にヤイトをする。

・置き薬で助かる。

イ、喜界島の事例

・熱病（熱射病）は高熱が出て続く。頭に水をかけて冷やす。オウダンといって、熱が下がったあとに顔が黄色くなった。

・熱病、オウダン（熱射病）は高熱が一週間あまり続いて下がらない。一晩中冷やす。大人がよく罹る。田植えの後、四月五月から八月九月までに罹る。亡くなる人もいた。半々だった。後遺症は残らない。

・ネッサ病（熱射病）は年齢に関係なく、夏によく起こる。半々の命だった。高熱が続いて、冷やすために畳を一枚上げて（畳下は竹床）、大きなタンクからパイプを取り付けて頭に水をかけて冷やす。またはヤカンから水をかけて頭を冷やす。家庭によって方法は違う。

昭和二十四年頃は多かった。旧の七月の暑い日だった。娘が七歳の時に、仕舞いには痙攣を起こして亡くなった。当時、三人亡くなった。

（十二）マムシ、ハブ咬傷の手当て

ア、屋久島のマムシ咬傷の事例

・足首をマムシに咬まれた。ススキでサッと切ったような痛みがある。膝の上を縛り、咬まれたところを鎌で三㎝ぐらい切って、自分の口で毒を吸う。三十分から一時間後に下肢がだるくなってきた。脈が五十か六十ぐらいになった。右半身が腫れて、足首周囲が広範囲に腫れ、咬み口だけが化膿した。温泉に三日通った。

イ、小宝島のハブ咬傷の事例

・足首を咬まれたことがあったが、そのときはどうもなかった。二回目、畑で芋の蔓を切っていたとき、膝の後ろを咬まれた。咬み口の周りをカミソリで切れ目を入れ、血を出した。股の付け根まで腫れ、吐き気と痛みがあった。授乳する頃だったので、子に乳は飲ませなかった。

・梅雨時期に、夫婦で畑仕事中に左足の小指を咬まれた。「痛い」と足を上げてみたら、十五㎝ぐらいの小さなハブがいた。咬まれた血を出して、夫がとにかく家まで急いで歩けとせかしたが、家に帰り着くまでよう歩けなかった。家に入る前にキセルに煙草をつめて自分で火をつけて吸えと言った。三回吸った。同じ火は食わないという意味らしい。何かの葉を揉んで傷口につけた。カゼの灸（きゅう）をした。家に帰り着いたら黄色い液を吐いた。しばらくしたら腫れてきた。股の付け根まで腫れて一週間歩けなかった。症状は腫れと痛みと嘔吐。痛みは腫れている間ある。七日間ぐらいで自然に良くなった。

（十三）小宝島のカゼの灸

ア、急に腹が痛くなり、理由がよく分からないときは首の一の骨と背中のヒチク（七・八・九）の骨の両側に、人差し指の第二関節の幅を離してヤイト（灸）を据える。子供の腹痛が強いときは、みぞおちから一寸下を横に三つ据える。

イ、ハブ咬傷は咬まれた咬み口の周囲と首の一の骨にヤイトを据える。

ウ、カゼの灸は一の骨の両脇一寸横にヤイトを据える。急に頭が痛くなった場所が畑・山・海のときは、手足の親指の爪の両脇にヤイトを据える。カゼに当たると急に頭痛が起きたり、具合が悪くなる。カゼは悪霊や邪神。

エ、咳が酷いときは背中のヒチク（七・八・九）の骨にヤイトを据える。

家庭内で対処された主な症状は、発熱、咳、喘鳴、鼻水、鼻閉、頭痛、口内炎、胃腹痛、下痢、寄生虫、目や皮膚の炎症、できもの、皮膚発疹（ヘルペス）、虫刺され、火傷、切傷、捻挫、肩凝り、神経痛、疲労、目の異物混入等である。これらの症状に地域間格差は見られず、日常によく見られた症状・病気・怪我であったことが分かる。特に麦粒腫やセツ・ヨウ等のできもの、子供のカサブタ（湿疹）や目のただれ、ミンダレ（耳のただれ）等の皮膚炎や湿疹が真っ先に挙がり、眼科系、皮膚科系症状の多くは衛生状態に起因するものが多かったといえる。これらの治療対処に用いられた使用植物や使用方法も類似する物が多く、経験知として各地域で共有されてきた知識、他所から得られた情報等を駆使して対処したと推測する。

肩凝り、筋肉痛、神経痛、疲労感、腹痛、湿疹等には各地域とも灸が重宝されている。灸は家族や友人間で据える、あるいは灸を据えるのが上手な人を訪ねて据えてもらった。経穴の知識の有無にかかわらず、灸は有効性がある治療対処として認識され、広く浸透していた。

地域特性が見られたのは、竹細工職人の集落では竹を薬草として使っていたこと、三島村で行われていたヤイト（灸）焼き、小宝島のカゼの灸、奄美大島や喜界島の熱射病である。

鹿児島県内では臍《へそ》の緒を竹包丁で切ったという伝承が点在する。竹細工職人の集落では二股に分かれている孟宗竹の雌竹の枝を裂いて、外側の先の柔らかい切れそうな部分で切っていたそうである。臍の緒は胎盤と胎児を結ぶ紐状の管である。胎盤は母体と胎児を繋ぐ器官であり、胎児は胎盤から臍の緒を通して栄養分をもらい、呼吸をしている。臍の緒は母親と胎児が繋がっている部分であり、出産と同時に行われる臍の緒切断は、母親からの分離・自立、すなわち胎児から新生児への誕生を意味する誕生儀礼であると考える。その儀礼に竹を用いたのは、竹の特性である旺盛な繁殖力・生長力・再生力が感染呪術になったと考える。

三島村黒島のヤイト（灸）焼きは、雨の日の仕事休みに誰かの家に三人から四人集まって、互いに灸を据えあう。その背景には坂道が多い島の地形と竹の切り出し、出荷作業があった。一九三五（昭和十）年頃から、鹿児島本土の漁村に棚竹の需要が本格的に始まり、更には北海道あたりに土壁用支柱竹の需要があり、竹の出荷は一九八五（昭和六十）年頃まで続いた。良くも悪くも島の生活を支えていたのは、自生する竹であったと古老は話した。道路や港湾が整備されるまでは、全て人力である。身体疲労を蓄積する竹の切り出しや出荷作業、関節を痛める坂道・崖道などの環境要因が「ヤイト焼き」の治療対処を必要とした。

奄美大島や喜界島の熱射病の事例は、地域的天候との関係性があるのか。他地域で話題に上ることはなかった。

三　伝染病と流入・蔓延防止

死を伴う伝染病として恐れられていたのは疱瘡病（天然痘）、肺病（肺結核）、癩病（ハンセン病）、チフス、コレラ、赤痢、麻疹である。

伝染病の対処は、麻疹以外は基本的に隔離を行っている。奄美大島では天然痘が集落内へ入るのを防ぐために、ノロ神様（巫女）に祓いをしてもらう。他所から人が入って来ないように集落境で番をするなどの対処を行っている。

結核への対処は、家族で住んで養生した、食器類は別にした、別棟に住んでいた、別の所に一人で住んで家族が面倒を見ていた等の事例が聞かれた。菌を殺すために別に洗濯たらいを作り、湯をかける、石油缶で焚く（煮沸する）人もいた。滋養の良い物を食べる。命が短いから金がある限り、良い物を食べた。自分で買い物に行けないときは指輪などをあげて買い物を頼んでいたという話や、隔離して握り飯を柏に包んで三回分やって、寄りつかなかった。かわいそうだった。葬式は集落（集落住民が手伝う）でしなかったという話もあった。またヤミでペニシリンを仕入れて、ここだけは安全だからとお尻に注射を打ったという事例もあった。

ハンセン病は各地域とも、小屋などに隔離して住む家も墓も別にしたという事例が多かったが、家族と同居し、墓を別にすることもなかったという事例もあった。喜界島では、戦後に白い船で夜中に連れて行かれた（島外療養所へ収容）。夜通し、島歌を歌って別れの送りをしたという。ハンセン病は奄美大島ではクジキ、喜界島ではコウサ・コウシャという。

チフスやコレラ、赤痢は隔離小屋や避病舎に収容された。

疱瘡病（天然痘）の流入予防として、奄美大島や加計呂麻島では、ホウソウに罹った人が集落に入ってこないように、集落境に見張りを立てた。

ア、集落に入る両方の入口に小屋を作って、他所から人が入ってこないように番をした。ノロ神様に祓いをしてもらったが、その方法は覚えていない。

イ、どこかでホウソウが流行していると聞いたら、集落に及んで来ないように、ノロ神様が祓いをしていた。タラの木と芭蕉の葉で左縄をなって、集落の外れの道の所に下げる。ノロ神様は「ホウソウ神はワキャ（我が）島に入れらんど、ヤンセ、ヤンセ」と唱えながら、その後に老いも若きも縄に手をかけて集落内を引き回る。

ウ、疱瘡病が流行したと聞いたら、他所から人が入ってこないように、集落の境の道で番をした。

三島村では小屋がけと言い、旅から帰島すると、取りあえず海岸端に小屋を作って、三日から七日ぐらい自炊し、病気がないことを確かめてから家に帰っていたという。いつ頃まで行われていたかは不明。一九一五（大正四）年生まれの方は知っていたが、一九二四（大正十三）年生まれの方は知らなかった。

また伝染病が集団発生したときは、太夫（神主）が病気送りの祈祷を行った。太夫のHさん（一九二四（大正十三）年生まれ）の記憶では、最後に黒島で行われたのは一九三九か一九四〇（昭和十四か十五）年頃で、チフスが流行して子供が四人亡くなったときに行われた。

その方法は、全長一ｍぐらいの帆船を作り、それに「ホタ木」で船頭・舵・帆柱を作り、竹の杭で取り付ける。青年がハサミと紙を用意し、集落全員の髪の毛先を五本から十本ぐらい切り取って集め、氏名を書いて、それを船に乗せる。船は「ご祈祷をお願いします」と太夫の家の看経所《かんきんじょ》の拝殿の前に供えられ、太夫の祈祷を受ける。

祈祷を受けた船は夕方五時頃に海に流す。船を流す前に「高橋殿の世が世のときに、白銀のべて襷にかけ、黄金の枡で米計る」と謡い始め、謡い終わる頃に船を浮かべる。船を流したら「思いと恋を笹船に乗せて、思いは沈む、恋は浮く」と謡う。一方、波止場の高台の所では、青年たちが船を浮かばせると同時に早鉦を叩き、「せっかけみち」という太鼓（大鉦・小鉦・いれく太鼓）を叩く。それに合わせて「じゅうて（唄い手）」が唄い、踊る。女性は別の場所に陣取り、そこで扇子・傘を持って唄い、踊る。この唄と踊りは、盆踊りの「八朔」の最初の部分と同じ。船流しに太夫は行かない。

四　呪術

呪術1　帯状疱疹のまじない

（一）はじめに

民間療法の調査をしていると、必ず登場してくるのが単純ヘルペス・帯状疱疹のまじないである。地域によって、タン、タニ、タイ、タイガサ、タンガシャ等と表現されている。まじないは個人的に呪術の伝授を受けた者や、地域によってホウシャ、ホシャ、ホイドン、ホッサン、カトッサン、カトッドン、ホサドン、ホシャドン、モノシリなどと呼ばれる祈祷師・呪術師によって行われた。まじないをする人は近辺の集落に一人か二人はいたそうである。一、二カ月に一回ぐらい、カトッドンが集落を回ってきていたという地域もあった。

呪術を行っていたという人からの聞き取りは一人だけで、呪術を受けたことのある人、側で見たことがあるという人からの情報である。呪術の文言は秘事とされていて、まじないの言葉は相手に覚えられないように呟いていたそうである。

（二）まじないの事例

《大崎町》

タンにはマワイダン、ハシイダン、オビタン、モエクサ、タンなどの種類がある。マワイダンとは回るタンで、回りついたときは死ぬ。回らないものはタンと言う。

ハシイダンとはトビヒのように次から次に移っていく。前にできたら後ろにもできる。外から見たら治っていても触ると痛い。

オビタンとは帯をするところにぐるっとできる。モエクサとは片方にだけでき、火がついたように痛い。

タンができたら、ホウシャ、ホシャ、ホイドン、ホッサンと呼ばれる祈祷師・占い師の所に行ってタンマシネ・タンマヒネ（タンまじない）をしてもらう。できはじめの頃だったら痛みが治まっていた。

事例①　Tさん（女性、一九一六（大正五）年生まれ）は占い師ではないがタンまじないをしていた。何人も治したそうである。次のように話した。

タンのできる場所は決まっていない。どこにでもできる。顔にできるタンは治る。体（体幹部）にできるタンはまじなっても治らない。タンが違う。タンが回れば命をうっすっ（失う）。実際に死んだ人が何人もいるし、死にかかった人もいる。

まじないの仕方は、「おおざか山のタニカズラ、根を切って葉を吹き枯らす」と三度言って、タンに唾を三度プウプウ吹きかける。タンの上を包丁で三回ぐらい切る（手つきは×印様）。

事例②　女性　一九一八（大正七）年生まれ

タンができたらタンマヒネをしてもらう。タンマヒネは包丁を持ってする。まじないの言葉を言いながら、タンの上を刃物で十文字に切り、息を吹きかける。

事例③　女性　一九一一（明治四十四）年生まれ

ホシャに行ってまじないをする。ホシャはブツブツ（疱疹）を刃物で押さえ、刃物にブツブツを吸い付ける。タンができるのは、神の御教え、知らせだと言い、まじないをすると治っていた。

事例④　女性　一九一八（大正七）年生まれ

タンができて、ホシャにタンマヒネをしてもらった。ブツブツの上を鎌で押しつけながら唱え言をいう。二回で治った。

事例⑤　男性　一九二二（大正十一）年生まれ

タンができたらホイドンに行ってまじないをしてもらう。銅貨を当てて焼くらしい。

《南さつま市》

事例⑥　女性　一九二七（昭和二）年生まれ

「オオタニガワのタイカズラ、元切ってウラカルル（枯れる）」と呪文を唱えながら、包丁を持って根っこを切る真似をする。

《種子島西之表市》

事例⑦　一九一一（明治四十四）年、一九一九（大正八）年生まれ

タニができるとまじない師にマイナー（まじない）をしてもらう。朝のホケ（息）が効くというので、朝一番、お茶を飲む前にまじないをしてもらった。呪文を唱えながらブツブツを指で指し、息を吹きかける。二、三回行くと治っていた。胴に回ると死ぬと言われているが、タニで死んだ話は聞いたことがない。

事例⑧　女性　一九一〇（明治四十三）年生まれ

朝一番、お茶を飲む前にマイナー（まじない）に行く。まじない師はタニの上で小刀を回して、呪文を唱えながら息を吹きかける。庭に植えている麻の葉を黒焼きにして、粉をブツブツにつけてくれた。

事例⑨　女性　一九二六（大正十五）年生まれ

中種子町にいるまじない師に来てもらってまじないをしてもらう。「ナナタニ、ヤタニ……カズラ」と呪文を唱えながら、ブツブツの上で包丁とか金物を使って切る格好をして息を吹きかける。

事例⑩　夫婦　一九一六（大正五）年と一九二〇（大正九）年生まれ

まじないで治っていた。占いの人がいた。ブツブツの上を包丁で回しながら唱え言を言う。

《屋久島》

ぐるっと回れば命にかかわる。命を取られた人も多い。脇の下、腰、帯をするところ、首にもできる。帯をするところにできるのはオビラン、首にできるのはクビランと言う。

事例⑪　女性　一九一〇（明治四十三）年、一九二〇（大正九）年生まれ

何も食べない内に、起きるとすぐにまじないに行く。フーッと息を吹きかける。「タンタンタンガサ、モトサシキレバウラカルル（元刺し切れば枯れる）」と四、五回唱えながら包丁を逆手に握って、タンの周囲を回す。タンを十文字に切ったり、刺したりする。きれいに治っても神経が痛い。

事例⑫　男性　大正生まれ

大きい粒と小さい粒がある。体の前と背中にできると胸が詰まるように苦しい。まじない師はホッホッホッと言いながら、錆びた包丁をブツブツに当たるか当たらないかぐらいに当ててまじないをしていた。

事例⑬　女性　一九二七（昭和二）年生まれ

タンのまじないは小刀を使って、呪文を唱えながら切る真似をする。

《小宝島》

事例⑭　女性　一九二一（大正十）年生まれ

イワズと言う。顔を洗う前にまじない師の所に行って、まじないをしてもらう。まじないをする人が何人かいた。包丁で切る真似をしていた。三日で治らないときは七日、それで治っていた。後ろに出たら前にも出る。胸をぐるっと回ると死ぬ。子供達が何かできものができたというと、それじゃないかと気を付けて観察していた。

《奄美大島》

事例⑮　女性　一九一三（大正二）年と一九一八（大正七）年生まれ

胴にできるのはドゥマキ、胴以外にできるのはタンガシャあるいはタンガサと言う。グルッと回ると死ぬ。昔は恐れられていた。よくできる部位は胴と顔で、ユタ神様やモノシリ（祈祷師）にまじないをして貰った。

事例⑯　女性　一九一七（大正六）年生まれ

「タンタンタンガサ、スラ（先）吹けばムトゥ（元）カリル（枯れる）、ムトゥ吹けばスラカリル」と呪文を唱えながら息を吹きかける。人間の息が良いとされて、できるだけ多くの人に吹いてもらう。見せられない場所（陰部）にできたときには、火起こし（火吹竹）で吹いてもらう。

「タンタンタンガサ、朝吹くばカリル（枯れる）、ユル（夜）吹くばカリル」と呪文を唱えながら、焼酎を吹き付ける。

《喜界島》

事例⑰　夫婦　一九二五（大正十四）年と一九三〇（昭和五）年生まれ

クチを入れて（まじないの言葉を唱える）、歯を磨く前の息を吹きかける。

事例⑱　女性　一九〇六（明治三十九）年生まれ

「クンジュウクフニ（九十九の骨）からワンジダ（湧き出た）タンガシャ、大きなったら米のツダ（米の粒）、小さなったら粟のツダ」と呪文を唱えながら、ブツブツに山葡萄の蔓の汁を吹きつける。

事例⑲　女性　一九一八（大正七）年生まれ

「クンジュウクフニ（九十九の骨）から湧き出たるタンガシャ、強いものなら吹き出して、弱いものなら治ってくれ」と呪文を唱えながら、ブツブツに五寸（約十五㎝）ぐらいに切った山葡萄の蔓を吹いて、泡状の汁を吹きつける。

(三) 結論

単純ヘルペス・帯状疱疹のまじないにはいくつかの共通点がある。呪文の中にカズラや蔓という言葉、あるいはそれらを連想させる表現、切るという言葉があり、呪術道具に刃物を用いること、息を吹きかけることである。

単純ヘルペス・帯状疱疹は神経の走行に沿って限局性に疱疹が出現する。神経の走行に沿って体に張りつくように疱疹ができる様を、樹木に張りつくカズラに見立てていることが分かる。呪術の文言や刃物で切る真似、息を吹きかける手技は、カズラの根を切り、風を吹かせて枯れさせる＝治癒させることを意味する。単純ヘルペス・帯状疱疹のまじないは、他県でも同様の文言や手技で行われている。

多くの地域にまじないが存在したということは、単純ヘルペス・帯状疱疹が日常的によく見られた皮膚疾患であったということが言える。

呪術2　イボ（疣）のまじない

事例①　年の数だけ大豆を煎って、イボン神様に供えて「ナオッシャイ（治しなさい）」と言う。また本人に返ってくるから、「治してください」とは言わない。

事例②　イボトゲドン（田の地蔵）の花水（花立ての水）を貰ってきてつける。代わりに新しい水を持って行く。

事例③　盆の最後の日のお茶を瓶に取っておいて、それをつけて、「クンビ（イボ）を取ってください」と言う。

事例④　ナスビのヘタをイボに擦りつけて、それを道端に捨てる。踏んだ人に移って治る。

郵 便 は が き

料金受取人払郵便

鹿児島東局
承認
105

差出有効期間
2025年2月
24日まで
切手を貼らずに
お出し下さい

892-8790

168

鹿児島市下田町二九二―一

図書出版
南方新社 行

ふりがな 氏　名		年齢　　歳	
住　所	郵便番号　　―		
Eメール			
職業又は 学校名		電話（自宅・職場） （　　）	
購入書店名 （所在地）		購入日	月　日

書名　(　　　　　　　　　　　　　　　　　　　)愛読者カード

本書についてのご感想をおきかせください。また、今後の企画についてのご意見もおきかせください。

本書購入の動機(○で囲んでください)

A　新聞・雑誌で　(　紙・誌名　　　　　　　　　　　　)

B　書店で　C　人にすすめられて　D　ダイレクトメールで

E　その他　(　　　　　　　　　　　　　　　　　　　)

購読されている新聞,雑誌名

新聞　(　　　　　　　　　)　雑誌　(　　　　　　　　　)

直接購読申込欄

本状でご注文くださいますと、郵便振替用紙と注文書籍をお送りします。内容確認の後、代金を振り込んでください。(送料は無料)

書名		冊
書名		冊
書名		冊
書名		冊

事例⑤　ニラを潰してイボに塗る。道路の三叉路か十文字の中央に小石を置いて、小石の上にイボに塗りつけたニラを置く。この小石を蹴った人にイボが移って治る。

事例⑥　豆を煎って、道の十文字に埋める。

呪術３　麦粒腫のまじない

事例①　イビロ（麦粒腫）を人差し指で指し、「イビロ、イビロ、ワンガヌケバ（私が抜けば）、キリレ（治れ）、キリレ」と三回唱える。

事例②　上瞼にできるのはミブ、下瞼にできるのはサモーダと言う。親指に針で十文字を書いて、それで目を擦る。

事例③　大豆を目に当て、「インモリン（麦粒腫）かと思ったら大豆やった」と言って大豆を落とす。

事例④　サザンカの葉を石の上に置いておく。それを蹴った人に移る。

麦粒腫は眼瞼に豆粒大の腫瘤ができる。事例①は腫瘤を抜く、事例③は腫瘤を大豆に見立て、大豆を落とすことで腫瘤を除こうとするまじないである。

呪術４　その他

事例①　喉に魚の骨を引っかけたときは、湯飲みに水を入れて、「アササレバ（浅ければ）イジリ（出てください）、事例②　フカサレバ（深ければ）ウテリ（腹に流れてください）」と唱えて、それを三回に分けて飲む。

事例③　しゃっくりが止まらないときは、湯飲みに水を入れて、その上にお箸を四本、井の字に置いて、その枠の中から水を飲む。

事例④　草マケ・ハゼマケのときは、庭で頭にサンバラ（竹笊）を被り、東の方に向かって座る。「ワン（私）が打てばキリレ（治れ）、キリレ」と唱えながら草鞋で三回打つ。

事例⑤　ハジマケ（ハゼマケ）のときは、朝日の昇る時間に四つ角に座って、サンバラを頭に被って、草鞋でその上を叩く。まじないを受ける人が「ヌガ、ワンバ、ウチュル」と言うと、まじないをする人が「ハジメド、ウチュル」と言う。

事例⑥　百日咳のまじないとして、ニンニクを袋に入れて首に下げる。

風邪とか頭痛のときのまじないをカダボウムズと言う。お酒か水をコップに入れて、まじない言葉を唱えながら、コップの中に息を吹きかける。それを飲ませる。大人は酒（焼酎）、子供は水。まじないをするモノシリ（呪術師）がいた。

五　シャーマン、祈祷師、呪術師の病気の祓い

（一）はじめに

シャーマンの治療儀礼は、奄美大島や沖縄のユタ、東北地方のイタコ・イチコ等が知られている。この地域における治療儀礼は多くの医療人類学者や民俗学者により報告されているが、シャーマン的職能者である巫女や祈祷師

は、古代から現代まで全国で活躍している。ここでは、鹿児島県のシャーマン、祈祷師、呪術師の病気の祓いについて、奄美諸島以外の事例を紹介する。

大隅半島の大崎町では、男性祈祷師と巫女が二人一組で祓いを行っていた。巫女はミコ、男性祈禱師はホッサン、ホシャ、ホイドン、トイダシドンなどと呼ばれている。男性祈禱師と巫女が二人一組で行う祓いは、大崎町以外の地域では聞けなかった。北薩地方や南薩地方では男性祈祷師をカトッサン、カトッドン、ホサドン、ホシャドンと呼んでいる。これらの巫女・祈祷師に占ってもらい、祓ってもらうことを、ミコタテ（巫女立て）あるいはミコザ（巫女座）、ウラカタ（占い）と言う。

種子島や屋久島では祈祷師や呪術師をモノシリと言う。三島村硫黄島には一九六一（昭和三十六）年頃までミコ（巫女）が存在し、病気の祓いを行っていた。

（二）祓いの事例

《大崎町》

事例①　女性　一九一八（大正七）年生まれ

四十年ほど前（一九五〇年代）、姑が病院に行っても病気が良くならない。見た感じはどうもないが、喉が痛いとか、ご飯を食べたくないとか言う。医者に診てもらってもどこも何ともないみたいだと。薬を飲んでも治らない。サワイ（障り）があるのではないかとホッサンの所に行った。サワイ（障り）があるからミコを頼んでウラカタ（占い）をしないといけないと言われて、ホッサンとミコを家に呼んでウラカタをした。ホッサンとミコは夫婦だった。

ウラカタの仕方は、病人はいつも寝ている所にいる。ミコとホッサンは表の間に向かい合って座り、問答をする。ミコは真似ができないぐらい体を震わせ、病人の症状を再現し、霊の言葉を言う。祓いはホッサンがする。

ホッサンが「お前はそげんことをすっといかんが（そんなことをするといけない）、何か欲しいとか」と言うと、ミコが「水を飲みたい」とか「飯を食べたい」とか言う。そしたら、ミコに水を飲ませたり、飯を食べさせる。

ホッサンが「……をやれば出て行くか」と言うと、ミコは「……をくれれば出て行くが」と言う。ホッサンが「……をくるっから（あげるから）出て行くか」と言うと、ミコは「はい」と言い、霊が納得すれば解放される。

ホッサンが「もう二度とすんなね（するな）」と言い、ウラカタは終わる。その後に藁でツト（買い物籠のような物）を作り、その中に霊が欲しいと言った物を入れて川に流した。

事例②　同右

ナガッの病気（長患い）のときは、ミコさんが病人の症状を真似て、病人になりきって誰々が嫌いだったとか言って、ミコさんが一人で祓いをした。

事例③　男性　一九二一（大正十）年生まれ

長患いの場合、サワイ（障り）があるのではないかとホシャドン（祈祷師）に行ってウラカタをする。ニヤサンニッカ（二夜三日）、ゴヤサンニッカ（五夜三日）祈祷が必要。着物を持って行って祓いをしてもらう。あるいはミコンザ（ミコの座）を立てる。

ミコは注連縄の中に座っている。ミコをホシャドンが後ろ手に組んで縛る。ホシャがミコを踵で踏む。この時、ホシャの修行が足りないとミコが言うことをきかない。人を呼んで、皆の見ている前でミコに白状させる。自分の家の恥をさらす。心の中の暗いものを吐き出させることによって、心が軽くなり治る。

事例④　女性　一九一一（明治四十四）年生まれ

あの世に行けない人の霊におかされて死ぬ人もいた。そんな人はミコに祓いをしてもらって治る。ホウシャに尋ねに行って占いをしてもらう。霊が祟っていたらホウシャがミコを連れて来てミコタテをする。ミコタテの仕方は、病人は家の中に寝ている。床サァ（床の間）でミコ、ホウシャが並んで座っている。ホウシャが、祟りがあるかどうか聞くと、ミコにシケがかかって答える。もし、お稲荷さんが祟っているときは、藁ツト（藁で作った丸い入れ物）を作って、その中にお握りとかイナリ、ロウソク、線香等を入れてウガワ（大きな川）に流す。昭和になってからはそんな話は聞かない。

事例⑤　同右

昔、ヒコさん（山伏）がケ（ホラ貝）を吹いて家を回っていた。ヒコさんが来たら、お金や湯飲み一杯の米をくれていた。ある家でケチをして粟を盃であげたら、粟は要らないから米をくれと言って喧嘩をした。ヒコさんが木戸口でホウ（詛《のろ》い）をかけて、その家の若者が早死にするようになった。その家の四隅の柱がタンタンと走る音をたてるので、不思議に思ってホウシャとミコをタテたら、ヒコさんが三週間修行をして、その家の柱に矢が立つようにホウをかけていたことが分かった。二週間、三週間の祈祷をすると良くなる。

事例⑥　女性　一九一七（大正六）年生まれ

ホイドンとトイダシドンは違う。六十年、七十年前までは、菱田のあたりにはトイダシドンがたくさんいた。自殺した人のカゼ（魂の祟り）にあうと、トイダシドンに祓いをしてもらっていた。若くして自殺した人のカゼが多い。

事例⑦　夫婦　一九二二（大正十一）年と一九二四（大正十三）年生まれ

今でも、急に具合が悪くなったときは、何かサワイ（障り）があるのではないかとホイドンに行く。ホイドンにまじないをしてもらうと治る。例えば急に頭が痛くなって行ってみたら、いつの間にか良くなった。クビクックイ（首吊り自殺）のカゼに当たっていたことが分かった。カゼは魂や霊が障ったのを言う。ホイドンはいろいろなことを取り出すからトイダシドンともいう。

ナガッの病気（長患い）のときは、ホイドンに「ハルックイヤンセ（祓ってください）」と病人の着物を持って行くか、家に呼んで祓ってもらう。体を撫でたり、回りを祓ってもらう。

事例⑧　女性　一九一六（大正五）年生まれ

兄が病気になったときに、サワイ（障り）があるんじゃないかとミコを頼んできてミコタテをした。ミコは一人で来て、神様の前でミコタテをした。ヒを切って（紙を切って御幣を作ること）、それでハレ（祓い）をした。ミコは髪を一つに括っていた。全身を震わせ、真似のできないような体の震わせかただった。「まだ言え、まだ言え」「ハーイ、言いなさい」と言いながら、神様に言わせた。

事例⑨　同右

体が思わしくなかったからミコに行ったら、「北の方に井戸がある。その井戸を埋めている。井戸に藁人形を作って入れないといけない」と言われて、藁人形を作って埋めたことがある。実際に井戸を埋めていた。

《伊佐市》

事例⑩　女性　一九〇五（明治三十八）年生まれ

急に熱が出たり、病気が一向に治らないときはカトッサンやホサドンに行って祓いをしてもらいに行く。本人は行かないで、別の人が行って病状を説明すると祓いをしてくれる。それで治っていた。医者に行くのも大変だから（費用がかかる）、祓いに行っていた。

悪いカゼに会うと病気になる。急に熱が出たり、とわ言（訳の分からないこと）を言ったりする。カトッサンに祓いをしてもらう。

事例⑪　女性　一九〇五（明治三十八）年生まれ

悪かカゼに当たると具合が悪くて良くならない。カゼに当たるのは頭の病気が多い。ホサドン、カトッサンに行って祓ってもらう。ホサドン、カトッサンは昔から男ばっかり。祓いに行くと品物を要求されていた。

事例⑫　女性　一九〇五（明治三十八）年生まれ

節分の日に米一升を持ってお祓いに行く。初物を持って祓いをしてもらいに行っていた。

だれたとき（疲れて寝込んだとき）は、カトッサン所に米五合または米一升と着ていた衣類を持って行って祓いをしてもらう。

事例⑬　夫婦　昭和一桁生まれ

以前は頭痛や手の病気でも、病気になると全てウラカタに行っていた。よく当たっていた。今は健康保険があるので、そういうときは病院に行くようになった。今はウラカタに行くのは家族の不幸等、身の上相談が主になっている。先祖のことなど何かと理由をつける。

《種子島西之表市》

事例⑭　男性　一九一六（大正五）年生まれ

山に木を伐りに行って、急に具合が悪くなったときなどに（例えば寒気がしたとか）、モノシリ（祈祷師）の所に行く。行けば山の神が祟ったとか、水神様が祟ったとか、神様の通り道に小便をした祟りだとか言われて祓いをする。

なかなか病気が良くならないときも行く。鹿児島市の祈祷師の所まで行って、占いをしてもらって、祓ってもらう人もいる。それで良くなった人もいる。気持ちの問題だとは思うが、たいていは病院と祈祷師の両方に行く。

事例⑮　女性　一九一九（大正八）年と一九一一（明治四十四）年生まれ

ナガヤンマ（長患い）のときはモノシリに祓ってもらう。

《屋久島》

事例⑯　男性　一九四七（昭和二十二）年生まれ

水神様は別格である。井戸を掘るとその時点で水神が宿る。井戸を埋めるときには、塩、米、焼酎を撒いて清め、「井戸を埋めます、有り難うございました。新たな水道に移ってください」と断りを言う。これを怠ると水神様が怒る。埋めた本人には障りはなく、家族に精神的な病気や不幸が起きる。医者は治せない。祈祷師に祓ってもらうと「勝手に井戸を埋めていないか、今からでも遅くはないから、塩、米、焼酎を撒いて断りを言えば水神様が納得する」と助言がある。

川にも水神様がいる。夜の十時から夜中の二時頃までは川の水神様がいる。その時間帯に突然歩くと水神様が吃驚して祟りがある。実際にあった話である。夜の八時頃から、馬に炭俵を積んで川を渡っていた人がいた。何日か続けてその作業が終了した後、異変が起きた。突然妙なことを口走るようになった。祈祷師から「現場に行って塩、米、焼酎を撒いて清め、水神様に断りを言いなさい」と言われ、その通りにしたら良くなった。

事例⑰　女性　一九二〇（大正九）年生まれ

病気をしたら、まじないをするおばあさんがいて、十五cmぐらいの半紙を三角に折って両手に持ち、「ホッホッ、ホッホッ」と言いながら、体に紙が触れるように全身を紙で祓っていた。川の神様に当たってズウズウ寒気がした。白い半紙を出して体をさすってくれた。川の神様に当たっているから、その半紙を流してきなさいと言われて、それをしたら翌日には良くなった。

事例⑱　女性　一九一〇（明治四十三）年、一九二〇（大正九）年生まれ

ご飯も食べず、熱が出る。風邪も引いていない。祈祷師の所に祓いに行ったら、父が山に行って、山の神に障っていると。山の神が海を眺めているところに座ってしまった。それで障ってしまった。白い着物と数珠を持って、「悪うございました、悪うございました、許してください」と言って祈祷をした。家に帰ったら良くなっていた。

事例⑲　同右

夜、子供の陰嚢が腫れた。昼間に川のホトの実を取りに行っていた。まじないのおばあさんを訪ねた。白い半紙を出して体をさすってくれた。川の神様に障っている、川に半紙を流してきなさいと言われて、それをしたら翌日に良くなっていた。

事例⑳　同右

夜の十二時頃に熱が出た。風邪は引いていなかった。奄美大島出身の祈祷師の所に行ったら、流しと竈の間に包丁を立てていないかと言われた。それが火の神様に障っていた。「火の神様、どうか火を出さないように」と言って、塩を四隅に置いてお願いした。

事例㉑　男性　大正生まれ

十五cmぐらいの半紙を三角に折って、紙を両手に持って、「ホッホッ、ホッホッ」と言いながら紙が体に触れるようにして全身を祓う、専門のおばあさんがいた。

カゼに当たったとき祓いに行った。釣りに行って帰って来たら、全身鳥肌が立つぐらい寒かった。一六〇〇年前に祭られていた先祖の墓に、カズラが巻いていた。そのカズラを取り除いた。

《小宝島》

事例㉒　女性　一九二七（昭和二）年生まれ

急に寒気がしたときには、ネーシ（内侍・巫女）が病気祓いをしてくれた。霊がついているとき、磯カゼに当たったときにネーシが祓っていた。

急に頭が痛くなるときは、カゼの灸をする。痛くなった場所（家、畑、山、海など）によって、ヤイト（灸）を据える部位がある。

磯に行って具合が悪くなれば磯カゼ。磯カゼに当たれば良くない、重症。山や畑に行って具合が悪くなれば山カゼ。昔、急に寒気がしてきて熱が出て、具合が悪くなった人がいた。村中騒動して雨水で冷やしたりしたが亡くなった。あの人は磯カゼに当たったのだと言われていた。

網でキビナゴ取りに行った人がいた。帰ってきてから急に寒気がして具合が悪くなり、良くならずに亡くなった。この人も磯カゼに当たった。カゼの灸もあちこち焼いた。

《三島村》

事例㉓　女性　一九〇九（明治四十二）年生まれ

硫黄島には私が十三歳で島を出ていく頃まで、ミコ（巫女）が二、三人はいた。背中を撫でながら、子供の祓いをしていた。体を震わせながら何か唱え事をしながら祓っていた。病気の祓いをするだけだった。

事例㉔　男性　一九二四（大正十三）年生まれ

黒島では病気がなかなか治らないときに、太夫（神主）に病者祈祷をしてもらっていた。太夫の家の看経所《かんきんじょ》

（黒尾大明神、金比羅明神、冠明神）の拝殿の前で行う。「病者祈念の呪文」というのがあり、太夫は刀を祓いながら祈祷を行っていた。

（三）結論

急に頭痛や寒気等が出現したとき、なかなか病気が良くならないとき、体調が思わしくないときには、何かの障りがあるのではないかと疑い、ミコや祈祷師を訪ねた。何かの障りとは霊や神が関与して身体に異変を起こしているとする考えである。霊や神は人には見えない。霊や神に触れたかどうかも分からない。しかし、知らないうちに浮遊する霊や神に遭遇・接触し、霊や神の怒り・祟りを受けてしまった。それをカゼに当たったと表現している。奄美諸島でも急に頭痛や寒気、具合が悪くなったときなどはカゼに当たったたという。

悪いカゼに当たると重症化し死にいたることもある。障りを起こす霊は不慮の死や若くして亡くなった人の霊、成仏できていない霊が多い。小宝島のように、異変が起きた場所により、磯カゼや山カゼと表現している所もある。

身体に異変を起こしている原因は、ミコや祈祷師に占いをしてもらわないと分からない。もし霊や神が障っているのなら祓いが必要である。身体に起きた異変を占いの結果で納得し、祓いを受け、その効果を承認している。特にミコと祈祷師が組んで行う治療儀礼は、精神療法的な治療儀礼である。相談者の依頼を真摯に受けとめ、一所懸命に占いや祓いをしてくれるミコや祈祷師の姿に、人々は安心感を得、巫女や祈祷師は頼りにされていた。

伊佐市では男性祈祷師のカトッドン、ホシャドンは天台宗の人達だと聞いた。ホッサン、ホシャ、ホサドンは法者《ほうしゃ》で修験道との関係性を思わせる。ホイドンは祝殿《はふいどの》、トイダシドンは取り出し殿、モノシリは物知りの転訛であろう。

六　麻疹の看病

（一）はじめに

麻疹は古代から現代まで、子供の代表的な病気である。一度罹患すると終生免疫を得るが、感染性はきわめて強く、ワクチンを受けていない乳幼児の間でしばしば流行する。約九十五％のヒトが罹患すると言われ、重症例では合併症を併発し、死に至ることもある。ポピュラーな病気ではあるが、現在においても最も重要な小児急性熱性感染症である。

古くは『日本紀略』後編十、長徳四年七月に「天下衆庶煩㆓疱瘡㆒、世號㆓之稲目瘡㆒、又號㆓赤疱瘡㆒、天下無㆘免㆓此病㆒之者㆖」[37]として登場してくる。明治・大正年間に編纂された『古事類苑』方技部の医術・疾病の麻疹の項には、麻疹流行に関する多くの史料が原文のまま掲げられている。[38]麻疹は恐ろしい病気であり、当時はひどく恐れられていた。

聞き取り調査で得られた情報を通して、民間に伝承されているハシカ（麻疹）の養生法と俗説、およびその由来になったと考えられる史料の中の養生法を紹介する。

（二）地域に伝わる麻疹の看病

《加計呂麻島》

事例①　女性　一九二二（大正十一）年生まれ

ハシキャ（ハシカ）は子供の持病だから、養生は母親の大事なつとめだった。ハシキャは目がただれて、熱を出して、ブツブツができる。腸の中までブツブツができるから、いろいろな物を食べさせてお腹をこわすとおしまい。後ずさりで下痢をして、亡くなった子供がたくさんいた。良くなると食欲が出て食べ始めるので、素麺をトロトロに軟らかくしたものとか、消化の良いものを食べさせる。堅い物は食べさせない。

ハシキャのときは風に当てない。冷やさない、生水を飲ませたらいけない。冷やすとブツブツが出ないで長引かせる。温めるとたくさん出る。ブツブツを出さないといけない。ブツブツは最初顔に出て、体、足に下がってくる。足まで下がってきたら良くなったと判断した。長くて五日間ぐらいかかる。熱が高いときには水枕はして良い。頭は冷やして体は温める。風邪のときは汗を出すために温める。ハシキャのときはブツブツを出すために温める。

ハシキャは神様がくれる病気と言う。だから、「もらう」と言う。小さいときにしないと大きくなってからすると重くなるから、わざとハシキャの子供のところに連れて行ってうつさせた。おしめをしている頃にするのが一番良い。

《奄美大島》

事例②　女性　一九一三（大正二）年、一九二三（大正十二）年、一九二九（昭和四）年生まれ

熱が酷いときは目が飛び出たり、充血することがあるので目を冷やす。体は絶対に冷やさない。風に当てな

い。冷やすとブツブツが中に引っ込む。内臓までただれる。ブツブツが出ないときには伊勢海老の殻を煎じて飲ませる。生水は飲ませない。お茶は良い。ジュース類も飲ませない。堅い物は食べさせない。

ハシカは治りかけが一番大事。裸足で歩かせない。動き回り、あちこちと行きたがるので用心する。治りかけに亡くなった子供もいる。大人になってからのハシカは死んで帰ると言うぐらい重い。インマン（無精子症）になる。子供のときに、わざとハシカの子供と遊ばせてうつさせることがある。

事例③　女性　一八九七（明治三十）年、一九一七（大正六）年生まれ

ブツブツが内に引っ込むといけないから、風に当てるな、冷やすな、水を飲ませるなと言う。子供が外に出ないように家の中に押さえておく。ブツブツを発散させないといけないので、体を毛布で包んで温める。ブツブツが紫色になると治りかけ。治りかけのときに冷やすといけない。ブツブツは上から出るのが良い。下（足）から出るのは良くない。治るのも上から色が変わってきて治る。

事例④　女性　一九六〇（昭和三十五）年生まれ

ハシカや水疱瘡のときは、熱が出ても冷やすな、風に当てるな、水を飲ませるなと聞いている。

事例⑤　女性　一九一三（大正二）年、一九一八（大正七）年生まれ

体を冷やすな、風に当てるな、温めて戸外に出さない。風に当たるとブツブツが内に引っ込む。引っ込むと命取りになる。ブツブツを出すために温める。熱が出てもブツブツを出すために冷やさない。熱が出ないと内のブツブツが発散しない。ただし高熱のときは頭だけ冷やす。発疹が多ければ多いほど治りが早い。一週間で頭から足先まで発疹する。後は一週間で治る。その間、風に当てないで温めておく。日数がきたら治る。熱で下痢をする。水を飲ませないでお湯を飲ませる。内臓が弱っているから消化の良い物を食べさせる。ブツブツが出ると目ヤニが出る。熱で目が悪くなったり、白く膜がかぶる。亡くなることもあった。

《喜界島》

事例⑥　女性　一九三〇（昭和五）年生まれ

ブツブツを出すために、熱を出すようにわざと温かくする。風に当てるなという。家の中でおんぶして、なるべく風に当てないようにする。なるべく熱い白湯を飲ませる。ブツブツが白くなって、目ヤニ、充血がとれたら良くなったと判断した。治ったら仏様や神様にお供えしてお祝いする。ハシカで亡くなる子供が戦後までいた。

事例⑦　女性　一九一八（大正七）年生まれ、一九二九（昭和四）年生まれ外に出さない。家の中にいなさい。熱を冷ますとブツブツが出ないから冷やさない。熱が高いときは頭を冷やす。特別温めることはしなかった。

《屋久島》

事例⑧　女性　一九一〇（明治四十三）年生まれ

親が付きっきりで看病した。熱を出しても冷まさない。いっぱいブツブツを出すために冷やさない。

事例⑨　女性　一九二七（昭和二年）生まれ

夏でも布団を掛けて二日ぐらい温める。かわいそうだった。ブツブツがたくさん出て、足の裏まで出たら出終わったと判断した。出るのに一週間、引くのに一週間と考えていた。

ブツブツを早く出すために温めた。風に当てない。薬を飲ませない。水分は飲ませていた。

《種子島》

事例⑩　女性　一九一二（明治四十五）年生まれ

ブツブツがパッと出てすぐ治るように、餅米の粥を炊いて食べさせる。餅米の粥は体が温まる。体を冷やすとブツブツが内に引く（体内にできる）から良くない。子供は冷たい物を欲しがるが、体を冷やさないために水を飲ませないで、白湯とかお茶を飲ませる。ブツブツが全部出たら治る。

事例⑪　女性　一九一一（明治四十四）年、一九一九（大正八）年生まれ

ハシカは大人になってからすると重いから、子供のうちにしないといけない。今の人は冷やせと言うけど、昔は冷やしたらいけないと言っていた。ブツブツが体内にできると命が危ないから、ブツブツを出すために体を包んで温めた。水は飲ませなかったけど、お茶を飲ませたりした。

ハシカに罹った人のところに連れて行って、わざと罹らせるようなことはしなかった。

事例⑫　女性　一九二〇（大正九）年生まれ

冷やすな、水を飲ませるなと言う。熱が出ても冷やさない。ブツブツが出るまでは布団を掛けて温める。水を飲ませるなと言うのは、熱を出さないからだと思う。お茶などは飲ませていた。特に食べ物で注意することはなかった。

事例⑬　女性　一九二六（大正十五）年生まれ

熱冷ましを飲ませたらいけない。冷やしたらいけない。ブツブツも熱も出すだけ出せば、一週間したら良くなる。

事例⑭　女性　一九二〇（大正九）年生まれ

ハシカはしないといけない。冷やしたらいけない。今の人は冷やせと言うけど。ブツブツを出すために温める。内にブツブツができたら命が危ない。熱が出たときにはハシカだと言った。お茶を飲ませたりした。

《小宝島》

事例⑮　女性　一九二七（昭和二）年生まれ

私が小学校五年生のとき、小宝島の人が名瀬でハシカになって帰って来たときは、誰にもうつらなかった。それまで島でハシカが流行したことはない。一九四七（昭和二十二）年、二十一歳のとき、小宝島でハシカが大流行した。家族七人、枕を並べて寝ていた。生水を飲むな、風に当てるな、水で冷やさない。白湯は飲んで良い。胃に負担を与えるものを食べないという養生で、お粥だけでおかずはなし。これを一週間続けた。少し元気になり味噌汁を飲んだ。小さな子供が熱が高いときは、芭蕉を切り倒して根元の方を十㎝ぐらい輪切りにして、それを潰したのを首と額に当てて冷やす。いっぺんに冷やしたら良くないので、熱を見ながら冷やす。

《離島以外》

事例⑯　女性　一九〇五（明治三十八）年生まれ

厚着をさせて寝かせると細かい湿疹がブワーッと出る。薄着をさせて湿疹があまり出ないと良くない。

事例⑰　女性　一九〇八（明治四十一）年生まれ

体の中の毒がブツブツになって出ているから、熱を下げたらダメ。外に出さないで寝かせる。軽いと一日ぐらいしたらブツブツが出てくる。重いときは二日ぐらいしないと出てこない。ブツブツが出たら良くなっていた。流行病《はやりやまい》はして通さないといけない。幾つになってもしないといけない。

事例⑱　女性　一九二七（昭和二）年生まれ

風に吹かせたらいけない。夏でも蚊帳を張って、布団を被せて寝かせていた。

事例⑲　男性　一九二五（大正十四）年生まれ

外に出さない。寝せる。

麻疹の看病に共通するのは、冷やさない、温める、ということである。「温める」は保温の意味ではなく、体温を上昇させる、発熱を促すことが目的である。

その理由は、発疹は体内の毒が表出したものであり、発疹は熱によって表出する。体を冷やすと毒すなわち発疹が表出せず、体内（内臓）にできてしまう。体内にできると命にかかわるぐらい危険な状態を引き起こす。体を冷やさないように布団を掛け、毛布で包み、厚着をさせ、風に当てない。内臓の弱りによる下痢を恐れて生水を飲ませない。消化の良い粥や白湯を飲ませるなど食事に気を使った。子供が一度は罹患する病気として、看病に苦心した様子が伺える。

十分とは言えない水分補給、熱い体を冷やさない療養環境は、子供にとっては過酷であり、おそらく脱水で亡くなった例もあったのではないかと推測する。

では、このような病気観と看病法はどのような経緯を得て伝承され支持されていたのだろうか。『古事類苑』方技部十二の医術三、方技部十七の疾病三から麻疹の養生法を見てみる。

（三）史料の中の麻疹の養生

史料①〔安齋随筆後編五〕一療痘

「疱痘は食傷或は風邪感冒等、熱に乗じて發起するものなり熱気強ければ發し盡し、熱弱ければ發し盡さずして内攻するなり、痘皮裏に在りて發起せず、或は發して後痘根紅色變じて白くなり、痘頂黒陥す。是熱弱の發熱緩なるものなり、温剤を以て發熱を助けて痘毒を助けて痘毒を發表せしむべし」引用は方技部十二 醫術三（九二〇－九二一）。

史料②〔麻疹流行記〕

「元禄四年辛未三月より、夏に至り、諸国ニ麻疹流行せし時、人民養生をなし、又食毒にあたりて愁ひを見る事其数を知らず、霊元院法皇様、勅詔に依りて、名古屋玄醫翁、養生書を撰、普く日本國中に流布なして、諸人をすくふ其書予が先祖に傳はり有るに依面、此度彫刻して、再び天下に披露せしむるものなり、元禄四年辛未年是より十七年目寶永四丁亥年是より二十四ヵ年目享保十五庚戌年是より二十四年目寶暦二癸酉年是より十四年目安永五丙申年是より二十八年目享和三癸亥年六十餘州津々浦々ニ至ル迄、麻疹流行する事、前代未聞之事也

京なはて　叶屋喜太郎板」引用は方技部十二 醫術三（九二六）。

史料③〔麻疹流行記〕文久二年壬戌七月町觸寫

「麻疹當人飲食の毒、又は手當方不レ宜、死亡之者不レ少趣相聞候付、兼而覺悟いたし置可レ然儀を、別紙之趣心得之為、右之通相渡候間、心得置候様可レ致事、右之通、御奉行所より被二仰渡一候間、夫々支配内不レ洩様可レ被二相觸一事、

七月十四日
總　町　代
中
町中町代

一かるきはしかたりとも、必風にあたらぬやうに、能中に平臥して、温保第一の手當とす、志かしあまり熱蒸は甚よろしからず、殊に此節は晝は熱し、夜は涼しければ、晝は大ていあたゝまり、夜中朝迄は衣服夜具等増すべし、其内悪寒つよければ、晝も寒気たゆる程は、暫時衣服輕むるも甚あしく、直に内攻すると心得□べし（中略）。
一飲食は、熱き物、冷たき物ども、總じて悪しく、程克加減し、冷水は決而のむべからず、
一麥湯、葛湯は、至而よし（後略）」引用は方技部十二醫術三（九二七）。

史料④　はしか絵・麻疹後の養生

宗田一著『日本医療文化史』[39]によると、文久二（一八六二）年の麻疹大流行のとき、多くの「はしか絵」と称する錦絵、引札の類の刊行が目立つ。「はしか絵・麻疹後の養生」（孟斎・永島芳虎画）は、ころり、はしか、麻疹、りびょう（痢病）の疫病神武神が退治している図柄で、五葉舎述として次のような解説がある。

「夫れ疱瘡、麻疹は一世に一度やみて再度感らず。疱瘡は胎内より上へ発し、はしかは胎内の皮肉のあいだへ出来るゆへ、上には只赤くいちめんにはっするのみにて、うむ事なし。此ゆへにひつ・ひぜんのるいとはちが

い、食物養生あしくば変じて他病となる。ついには命をもうしのう事あり。能々心得べし。此せつ俗にコロリといへる病気、所々に相見へ、おおくは此るいよりおこる事にて、先はしかせぬ人も養生致し、食物に心付べし。此せつ西国辺にて金太郎ころりとかいへる身体赤く相成り死す病気流行すと聞伝へしままに、其まじないを書しるしぬ」引用は宗田（一九八九：三〇七）。

（四）結論

史料からは、当時の麻疹流行の惨状が伝わってくる。麻疹の惨状を憂い、麻疹流行の折に、たびたびその養生法について記した印刷物を、国中に流布したことが記されている。養生法の内容は手当てと食の注意である。風と寒さを避けること、風に当たらないように室内に臥し温かくする。冷物・冷水を控える、あるいは飲んだらいけない。風と寒さを避け温かくする理由は、熱が弱ければ毒、すなわち発疹が表出せず内攻する。ゆえに発熱を助けて毒を表出させなければならない。そして食の養生が悪かったために、最終的には下痢を起こして死する者が多いことを紹介し、食毒の注意を喚起している。

民間に伝承されている麻疹の看病の俗説と史料の中に出てくる麻疹の養生の内容は符合する。「はしかは風に当てるな」とか「厚着をさせて温めよ」は、近年まで全国的に伝承されていた。古くは元禄四（一六九一）年、近くは文久二（一八六二）年に処方された麻疹の養生法と俗説は近年まで生きていた。

結語

前書では悪石島を研究対象地域に、地域で行われる村落祭祀の世界観について論じた。本書は続編として、その背景にあるくらしの情景に焦点を向けてみた。

第一部の「くらしの記憶」では、小さなへき地離島に暮らす人々が、どのように暮らし生きてきたのか、住民の手記による情景を取り入れながら、くらしの有り様を浮かび上がらせることを試みた。貧しいながらも、そこにある自然を生活に利用し、楽しみ、助け合い、懸命に生きる人々の姿をみることができる。また「中国ジャンク船寄港」や「ヤミ船」、「沈船作業」は七島海域で繰り広げられた貴重な戦後史情報でもある。

第二部の「歴史の垣間見」では、生産性の少ない小離島に暮らすかつての七島の人々が、島に籠るのではなく、航海術・操舵術を磨き、七島衆として共に協力し外界へ向かって活動し活躍していた事実や、小さな離島群ではあるが人や文化の流入、交流が絶え間なくあったことを垣間見ることができる。

第三部の「民俗医療」は悪石島だけでなく、比較情報として鹿児島県内他地域で行った聞き取り調査情報を入れて論じた。県内の調査情報は、鹿児島大学教授下野敏見先生が学生の合宿野外実習で行っていた民俗・民具調査に、鹿児島民具学会会員として参加して行った調査や、同様に鹿児島純心大学での調査に参加した際の調査、鹿児島民具学会共同調査、および転勤先の地で行った個人調査資料である。

伝統的に行われていた治療対処行動の構造は、悪石島も県内他地域においても変わりはない。人々が傷病を治療し、健康を維持・増進するために選択してきた治療対処行動は、灸、薬草、温泉、巫女やシャーマン的祈祷師の祓い、呪術師によるまじないなど、地元医療資源を用いた伝統的なセルフケア、ホームケアである。悪石島ではまじないの知識に秀でた者がいなかったため、まじないによる治療対処がほとんど聞かれなかった。また近代化の波が遅れたことにより、他地域に比較し、近年までネーシ（内侍・巫女）が医者代わり・看護婦代わりとして病気の祓いに活躍していた。

医療人類学者のアーサー・クラインマンは、ヘルスケア活動は、社会的に組織された、疾病（disease）への対応行動であり、一つの文化システム、すなわちヘルス・ケア・システム（health care system）を構成するものとして、全体論的に研究されなければならないとする。[40]

クラインマンの説明モデルでは、ヘルスケアとはオーバーラップする三つの部分、民間セクター（popular sector）、専門職セクター（professional sector）、民俗セクター（folk sector）からなる特定地域の一文化体系である。民間セクターは個人、家族、社会的ネットワーク、地域社会の信念と活動による素人の民間文化の場であり、地域・住民を指す。専門職セクターは組織された治療専門職からなる。大部分の社会では近代医療を示す。鍼灸・按摩マッサージ指圧師の施術、伝統的中国医学、インドのアーユルヴェーダ医学等も専門職セクターに分類される。民俗セクターは近代医療とは公認されないシャーマン的職能者による祓いや呪術等である。

現代医療が一般化されるまで、人々が傷病を治療し、健康を維持・増進するために選択してきた対処手段は、民間セクターと民俗セクターである。民間セクターにおける対処行動は経験知として共有されてきた灸、薬草、温泉、置き薬の自己投薬、無資格者による治療対処である。民俗セクターにおける対処行動では、シャーマン的職能者である巫女や祈祷師、呪術師を頼りにし、病院を受診するように彼らを訪ね、病気治しの占いや祓い、まじないを受けた。

病気の祓いにシャーマン的職能者が必要とされたのは、心身に異変を起こす原因には、霊や神の関与、つまり障りがあると考えられていたからである。障りとは霊や神が関与して身体に異変を起こしているとする考えである。それをカゼに当たったと表現している。カゼは風の比喩であると考えるが、必ずしも風に吹かれる体感的感触の意味を指しているわけではない。

霊や神は目には見えない。霊や神に触れたと感じたわけではないが、知らないうちに浮遊する霊や神に遭遇・接触してしまい、取り憑かれる、あるいは祟りを受けてしまった。障りを起こす霊は不慮の死や若くして亡くなった人の霊、成仏できていない霊、きちんと祭られていない無縁霊等が多いと認識されている。また先祖をきちんと祭らないと戒めの祟りを受ける。神の障りは邪神だけでなく、神の宿る木を切ってしまった、神の場所を侵してしまった、神々の日に出歩く等して神の怒りに触れる行動をしてしまったことによって引き起こされる。日本的アニミズムの世界観を基層にした発想であるといえるのかもしれない。

心身に異変を起こしている原因が霊や神の障りかどうかは、巫女やシャーマン的祈祷師の占いによって判別する。心身に異変が起きている原因を、占いの結果に納得し、祓いを受け、その効果を承認している。心身に異変を起こしている張本人は自分ではない。自分ではない不可抗力の原因の設定は本人や家族に心理的責めを課さない。かつ異変の原因を祓いによって取り除くことは治癒を意味する。起こっている異変を真摯に受けとめ、一所懸命に占い・祓いを行ってくれる巫女や祈祷師の治療儀礼に、人々は安堵感や安心感を得ることができた。

巫女や祈祷師の祓いの対象が、災いをもたらす霊や神であるのに対して、まじないは、症状と視覚的に類似する植物を見立ての対象として、それを取り除く行為、あるいは他者に移すことで治癒させようとする等の行為である。

まじないによる治療対処は、科学的根拠に乏しいと解釈されるようになり、現在ではほとんど行われなくなった。

民間セクターの多くは、近代化とともに形を変えながら次第に専門職セクターに融合されていったと考えることができる。かつての薬草による手当ての多くは現代医療に、互いに据えあっていた灸の施術は鍼灸院や按摩・マッサージ、整骨院を利用するようになる。家庭内でのセルフケア、ホームケアは市販薬、健康食品、温泉等による対処となり、昔ながらの薬草の利用は一部の人達の間に残るのみである。

ではシャーマン的職能者である巫女や祈祷師の病気祓いはどうだろうか。ある話し手は、健康保険ができてからは病気の時は病院に行くようになったので、祈祷師の所に行く人は家族の不幸や身の上相談があるときに行くのだと話した。また通常と違うと思った体の不調に対して、医師の説明に納得がいかなかった場合は、祈祷師の祓いを受けると話す人もいた。本人が祈祷師の所に行けない場合は、その人が着ている衣類を持って祓いを受けに行くという人もいる。

二〇〇三年三月、よく当たると評判の鹿児島市内の祈祷師を訪ねたことがある。男性祈祷師であった。祈祷の様子は相談内容を聞いた後に神前に向かい、静かに祈りを捧げるうちに大きな欠伸を始め、それからクライアントに向き直り判じを伝える。

待合室には七、八人が順番を待っていた。待合室で交わされる会話に衝撃を受けたことがある。入院治療を受けながら、その家族が判断を仰ぎに来ていると話す人、病院に行っても良くならなかったけど、先生（祈祷師）の祓いを受けたらだんだん良くなってきたので、毎月来ていると話す人、病院から父の命が危ないと言われたとき、どうしてもあと三日は命を長らえてほしいと先生（祈祷師）にお願いしたら、先生（祈祷師）が三日だけは何とかしましょうと言われ、三日だけ命が延びたと話す人達。そこにあるのは現代（近代）医療の不完全な姿であり、現代医療の側に立つ医療者が、患者のことについて何も知らないということを思い知らされた。
　現代医療は、素人には対応不可能な救急医療、急性疾患、外科的対処が求められる治療、感染症治療等に強みを発揮し、これらの治療に対する評価は高い。しかし患者・家族の不安や悩みに応える、病気・治癒概念を構成しきれているとはいえない。現代（近代）医療は万能ではない。
　池田は「近代医療がそこから疎外される患者を生み続ける限り、伝統・民間医療[41]への需要は――近代医療の内容の変化に応じて――変化することはあれ、低減することはない」とし、伝統・民間医療の社会的役割として、「近代医療の欠点を補う形で機能し、社会の医療に関する諸問題を全体として解決することに寄与している」と評価する。[42]
　自分が健康だと考える状態から逸脱したときに、それを改善・回復しようとして求める保健医療資源は豊富に存在する。自分の身体状態を好ましい状態にコントロールするために求める治療対処行動は人それぞれであり、自分の信条や判断に基づいて、現代医療を含む多元的医療体系（システム）の中で自由に決定し調整している。現代医療と民間医療を別々な医療としてみるのではなく、補完関係にある医療システム、文化システムとしてみるとき、人々の健康希求行動は理解しやすいと言える。

おわりに

本書に収録されている情報から伝わってくるのは、日本がまだ貧しかった時代を懸命に生きていた人々の姿である。その姿には何か愛おしさのようなものを感じる。教えを頂いた方々の多くは既に鬼籍に入られている。調査資料の中には未発表の物もあり、これらの情報は託された情報として残すべきではないかと考え執筆作業に取りかかった。

フィールドワークでの出会いは楽しい思い出である。悪石島では皆生き生きと話し、教えてくださった。学生と歩いた大崎町では、お年寄りの方々が、孫が訪ねてきたように嬉しそうに応対し、お昼をご馳走になったこともある。加計呂麻島ではしっかり者のお母さんが、麻疹の看病について丁寧に教えてくださった。よく冷えたパパイヤを出してくださり、その味は今でも忘れられない。

タンガシャのまじないを教えてくださった喜界島の九十一歳のおばあさんは、とても元気で明るく、百一歳の身内の女性の面倒をみながら二人で暮らしていた。毎朝五時半に起床し食事、草取り、掃除をし、日中は日に照らされないように外出をせず、夜は七時のニュースを見て八時には就寝する。食事は自分で作った季節の野菜中心の食事をしていると話された。

熱射病で七歳の娘を亡くした経験を持つお母さんは、機織りの手を止め、縁側に正座で話をされた。小宝島の民宿のおばあさんは島のくらしに詳しく、丁寧な話と説明をされる方だった。それぞれの地域でお世話になった皆様を思い出しながら、心から感謝の気持ちを述べたい。

第二部「歴史の垣間見」の論文では、鹿児島民俗学会の所崎平先生、森田清美先生にお世話になりました。有り難うございました。なお、池田光穂先生（大阪大学名誉教授）には、前書に引き続き大変お世話になりました。特に民俗医療では、執筆に行き詰まる度にご助言をいただきました。池田光穂先生のご協力無しには本書を上梓することはできなかったと思います。心から感謝を申し上げます。

お世話になりました多くの皆様方に感謝を申し上げるとともに、拙稿が七島研究、および民俗医療研究の一助になれば幸いに思います。

■注

第一部　くらしの記憶

1　初有賦人とは、成人の仲間入りを意味する。一人前の大人として義務と責任が課される。
2　鹿児島県地方史学会 一九七一『薩隅日地理纂考』三一七
3　西村時彦 一九三三『南島偉功傳巻下』熊毛郡教育會、四 - 五
4　伊波普猷 一九七四『伊波普猷全集』第四巻、平凡社
5　名越左源太、国分直一・恵良宏校注 一九八四『南島雑話1　幕末奄美民俗誌』初版、東洋文庫四三一、平凡社、一四四 - 一四六
6　酒井卯作 二〇二一「奄美西古見覚書メモ」『南島研究』第六一号、南島研究会、三 - 四
7　民俗学研究所 一九五五『綜合日本民俗語彙』第二巻、平凡社
8　盛口満 二〇二二『魚毒植物』南方新社、一六五
9　早川孝太郎 一九七六「四 農業」『早川孝太郎全集第九巻』未來社、二四五 - 二四六
10　秋吉茂 一九六四『美女とネズミと神々の島』河出書房新社
11　金十丸は村営の船で、鹿児島を基地に七島と奄美・沖縄を不定期に就航していた。戦時中は奄美を中心に定期就航していた。
12　金十丸奪還の記録は南方新社から『金十丸、奄美の英雄伝説』（前橋松造、二〇〇四）が出版されている。

13　紙屋敦之二〇一三「第四章　七島・七島衆と東アジア地域」『東アジアのなかの琉球と薩摩藩』校倉書房
徳永和喜二〇一一「第一節　琉球支配と七島衆」『海洋国家薩摩』南方新社
14　十島村教育委員会一九八〇『十島村文化財調査報告書（第二集）』
鹿児島県立図書館蔵『後編薩摩藩旧記雑記録巻八四』
15　鹿児島県歴史資料センター黎明館編集二〇〇五「島津家歴代制度巻之参拾壱」『鹿児島県史料薩摩藩法令史料集二』六一一-六一二
鹿児島県歴史資料センター黎明館編集一九八四『旧記雑録後編四』二五二-二六二
16　鹿児島県歴史資料センター黎明館編集一九八四『旧記雑録後編四』二五二-二六二
17　山下文武二〇〇七『琉球軍記　薩琉軍談』南方新社
18　いちき串木野市郷土史編集委員会二〇二〇『いちき串木野市郷土資料集3「古文書編」』二七
19　稲垣尚友一九六九『種子島遭難記　坂元新熊談』私家版
20　『悪石島民俗誌—村落祭祀の世界観—』の記述では二十九日の大根とサトイモの情報が抜けている。川野和昭氏より、大根とサトイモは二十九日に供え、六日に向きを変えると聞いていると指摘された。大根とサトイモは盆の粽に準じ、迎えと送りで向きを変える。
21　シタミは竹籠の古語か。広辞苑に「籮①底は方形、上は円い大型の笊　②目のない籠」とある。テゴは薩摩方言で竹の背負い籠のこと。
22　トンチは最も家格の高い家で神屋敷と認識されている。おそらく江戸時代までは島の政治的役割を担う中心的存在の家だったと推測できる。トンチは沖縄の「殿内」に重なる名称とされる。
23　原口虎雄監修・解題 一九八二「薩摩国甑島郡」『三国名勝図会』第二巻、青潮社
24　下野敏見 一九八一「トカラ列島の山岳信仰と修験道文化—修験道の南下とその受容—」『南西諸島の民俗Ⅱ』法政大学出版局
25　下野敏見 一九七〇「吐噶喇列島の屋内神の種類」『南島民俗』一五号、一-七
26　原口虎雄監修・解題 一九八二「七島」『三国名勝図会』第二巻、青潮社、九三三-九五二
27　笹森儀助 一九六八「中之島記」『拾島状況録』『日本庶民生活史料集成』第一巻、三一書房、二〇〇
28　鹿児島県歴史資料センター黎明館編集 二〇〇五『鹿児島県史料薩摩藩法令史料集二』六一二

第三部　民俗医療

29　池田光穂 二〇〇二「多元的医療体系」医療人類学研究会編『文化現象としての医療』第6刷、メディカ出版
池田光穂 二〇〇三「第9章　非西洋医療」黒田浩一郎編『現代医療の社会学』第6刷、世界思想社
池田光穂 二〇〇一「第5章　医療的多元論」『実践の医療人類学』世界思想社
30　笹森儀助 一九七三「拾島状況録」『日本庶民生活史料集成』第一巻、各島記「傳染病」の節
31　下野敏見 一九九四「第一編　悪石島の民俗」『トカラ列島民俗誌』第一書房、二一九-二二一
32　渡山恵子 二〇二一「第七章　神々の祭りヒチゲー」『悪石島民俗誌—村落祭祀の世界観—』南方新社を参照のこと
33　渡山恵子 二〇二一「第六章　先祖の祭り・盆」『悪石島民俗誌—村落祭祀の世界観—』南方新社を参照のこと
34　下野敏見 一九八八「原始のカミの出現」『カミとシャーマンと芸能』二版、八重岳書房、二〇
35　鹿児島県衛生部医務薬務課 一九五七『衛生部の概要』鹿児島県

36　鹿児島県衛生部医務薬務課 一九六一「へき地医療対策について」鹿児島県
鹿児島県衛生部 一九六二「へき地医療対策」『衛生行政の歩み』鹿児島県
37　十島村誌編集委員会 一九九五「第四節　保健衛生」『十島村誌』十島村
38　黒板勝美編 一九三四『国史大系』第十一巻、国史大系刊行会再版、一九〇
39　神宮司庁 一九七七「方技部十二の医術三、方技部十七の疾病三」『古事類苑』吉川弘文館
40　宗田一 一九八九『日本医療文化史』思文閣出版、三〇七
41　アーサー・クラインマン 一九九二『臨床人類学』大橋英寿他訳、弘文堂、二五
42　近代医療（西洋医療）以外の治病と健康維持法の全てを包摂する「残余カテゴリー」と定義する。
池田光穂 二〇〇三「非西洋医療」『現代医療の社会学』黒田浩一郎編、世界思想社、二三〇

《地域の調査年》
大崎町：一九九五年、伊佐市：一九九四–一九九五年、西之表市：一九九六年、喜界島・奄美大島・加計呂麻島：一九九七–一九九八年、南さつま市：一九九八年、屋久島：二〇〇二年、二〇一一年、三島村：二〇〇三–二〇〇四年、小宝島：二〇〇八年

■参考文献

アーサー・クラインマン 一九九二『臨床人類学』大橋英寿他訳、弘文堂

秋吉茂 一九六四『美女とネズミと神々の島』河出書房新社

池田光穂 一九九五『医療と神々』宗田一監修、第二刷、平凡社

池田光穂 二〇〇一『実践の医療人類学』世界思想社

医療人類学研究会編 二〇〇二『文化現象としての医療』第六刷、メディカ出版

石田瑞磨 一九九七『例文 仏教語大辞典』小学館

いちき串木野市郷土史編集委員会 二〇二〇『いちき串木野市郷土資料集3「古文書編」』

稲垣尚友 一九六九『種子島遭難記　坂元新熊談』私家版

伊波普猷 一九七四『伊波普猷全集』第四巻、平凡社

鹿児島県歴史資料センター黎明館編集 二〇〇五『鹿児島県史料薩摩藩法令史料集二』

鹿児島県歴史資料センター黎明館編集 一九八四『旧記雑録後編四』

鹿児島県立図書館蔵『後編薩摩藩旧記雑記録巻八四』

紙屋敦之 二〇一三『東アジアのなかの琉球と薩摩藩』校倉書房

黒田浩一郎編 二〇〇三『現代医療の社会学』第六刷、世界思想社

黒板勝美編 一九三四『国史大系』第十一巻、再版、国史大系刊行会

笹森儀助 一九七三『拾島状況録』『日本庶民生活史料集成』第一巻、三一書房

酒井卯作 二〇二一「奄美西古見覚書メモ」『南島研究』第六一号、南島研究会、三一-四

神宮司庁 一九七七『古事類苑』吉川弘文館

下野敏見 一九九四『トカラ列島民俗誌』第一書房
下野敏見 一九八八『カミとシャーマンと芸能』二版、八重岳書房
下野敏見 一九七〇「トカラ列島の屋内神の種類」『南島民俗』一五号、一－七
下野敏見 一九八一『南西諸島の民俗Ⅱ』法政大学出版局
宗田一 一九八九『日本医療文化史』思文閣出版
十島村役場編集 一九三三 白野夏雲『十島圖譜』單美社
十島村教育委員会 一九八〇『十島村文化財調査報告書（第二集）』
十島村誌編集委員会 一九九五『十島村誌』十島村
徳永和喜 二〇一一『海洋国家薩摩』南方新社
鳥越皓之 一九八二『トカラ列島社会の研究』御茶の水書房
名越左源太、国分直一・恵良宏校注 一九八四『南島雑話1 幕末奄美民俗誌』初版、東洋文庫四三一、平凡社
波平恵美子 一九九八『医療人類学入門』第四刷、朝日選書四九一、朝日新聞社
西村時彦 一九三三『南島偉功傳巻下』熊毛郡教育會
原口虎雄監修・解題 一九八二『三国名勝図会』第二巻、青潮社
早川孝太郎 一九七六『早川孝太郎全集第九巻』未來社
福寛美 二〇二二『平安貴族を襲う悪霊の風―『栄花物語』異聞―』新典社
宮家準 一九八六『修験道辞典』東京堂出版
民俗学研究所 一九五五『綜合日本民俗語彙』第二巻、平凡社
森田清美 二〇一七『神々のやどる霧島山―霊山霧島における山岳信仰』鉱脈社
盛口満 二〇二二『魚毒植物』南方新社

山下文武　二〇〇七『琉球軍記　薩琉軍談』南方新社
渡山恵子　一九九五「ネーシの祓いから近代医療の受容過程について―悪石島における聞き取り調査」『隼人文化』第二七・二八合併号隼人文化研究会、一―十四
渡山恵子　一九九六「人体の方言名称と民間療法」『大崎町の民俗』下野敏見編集、鹿児島県大崎町教育委員会、四一七―四二四
渡山恵子　一九九七「人体の方言名称と民間療法」『西之表市の民俗・民具』第二集、下野敏見編集、鹿児島県西之表市教育委員会、四〇〇―四〇六
渡山恵子　一九九七「呪術にみる病気観―単純ヘルペス・帯状疱疹」『鹿児島民俗』一一〇号、鹿児島民俗学会
渡山恵子　一九九七「地域に伝わる麻疹の看病―伝承とその由来について―」『看護学雑誌』第六一巻、医学書院
渡山恵子　二〇〇四『無医離島における住民の健康探究行動の研究―鹿児島県三島村の事例―』放送大学大学院修士論文
渡山恵子　二〇〇六「竹と「臍の緒」「民間薬」「担架」」『鹿児島民具』第一八号、鹿児島民具学会、六五―六九
渡山恵子　二〇一二「楠川の「石垣」・「生垣」・「石塔」・「水神様」」『鹿児島民具』二四号、屋久島特集号、鹿児島民具学会、二六
渡山恵子　二〇一七「悪石島で行われていた古代漁法―しら綱曳き―」『鹿児島民俗』一五二号、鹿児島民俗学会、一一―一五
渡山恵子　二〇二〇「古代漁法―しらつな（白綱）」『鹿児島民俗』一五七号、鹿児島民俗学会、二三―二五
渡山恵子　二〇二一「七島衆はどのように船団を編成したのか―七島正月の由来と先祖船航行を通して―」『鹿児島民俗』一六〇号、鹿児島民俗学会、四〇―五〇
渡山恵子　二〇二一『悪石島民俗誌―村落祭祀の世界観―』南方新社
渡山恵子　二〇二二「護摩札資料等にみる七島（トカラ列島）の修験道文化」『鹿児島民具』三三号、鹿児島民具学会、四二

■著者プロフィール
渡山恵子（わたりやま・けいこ）

1953年、鹿児島県悪石島生まれ。
鹿児島県立病院在職中に慶応義塾大学文学部卒業（通信教育課程）、放送大学大学院修士課程修了。
著書：『悪石島民俗誌―村落祭祀の世界観』（南方新社2021年）
論文：「無医離島のヘルスケアシステム―鹿児島県三島村の事例―」（熊本文化人類学第4号2005年）、「白川のショケツクイドン」（鹿児島民具第22号2010年）、他。
所属学会：日本民俗学会、鹿児島民俗学会、鹿児島民具学会。

悪石島民俗誌2―くらしの情景・民俗医療

二〇二三年五月二十日　第一刷発行

著者　渡山恵子
発行者　向原祥隆
発行所　株式会社 南方新社
〒八九二―〇八七三
鹿児島市下田町二九二―一
電話 〇九九―二四八―五四五五
振替口座 〇二〇七〇―三―二七九二九
URL http://www.nanpou.com/
e-mail info@nanpou.com

印刷・製本　モリモト印刷株式会社
定価はカバーに表示しています
乱丁・落丁はお取り替えします
ISBN978-4-86124-492-6 C0039